文旅金融
无处不相逢

冷建飞 著

山东教育出版社

图书在版编目（CIP）数据

文旅金融无处不相逢／冷建飞著．—济南：山东
教育出版社，2018

ISBN 978-7-5701-0431-4

Ⅰ．①文…　Ⅱ．①冷…　Ⅲ．①金融业—研究—
中国　Ⅳ．① F832

中国版本图书馆 CIP 数据核字（2018）第 261834 号

WENLÜ JINRONG WUCHU BU XIANGFENG

文旅金融无处不相逢

冷建飞　著

主管单位：山东出版传媒股份有限公司
出版发行：山东教育出版社
　　　　　地址：济南市纬一路 321 号　邮编：250001
　　　　　电话：（0531）82092660　网址：www.sjs.com.cn
印　　刷：济南万方盛景印刷有限公司
版　　次：2018 年 12 月第 1 版
印　　次：2018 年 12 月第 1 次印刷
开　　本：710 毫米×1000 毫米　1/16
印　　张：11.5
字　　数：150 千
定　　价：32.00 元

（如印装质量有问题，请与印刷厂联系调换）印厂电话：0531-88985701

序

  中国经济正在经历消费升级与结构转型，金融也随之在经历调整，回归服务实体经济的本源。科技创新与文化创意是助力经济转型腾飞的两翼，共同需要金融的强力支持。在实践中，近两年最热的投资方向为特色小镇和文旅投资。运用PPP模式与产业基金的方式共同促进项目落地，金融与文旅投资碰撞到一起，擦出增长的火花，共同服务中国经济的新发展。《文旅金融无处不相逢》让我们通过一个年轻金融从业者对文旅投资近距离的观察、思考和感想再次深思中国经济的转型。

  《文旅金融无处不相逢》收集了近50篇作者的随笔，真实地记录了一个年轻的金融从业者在文旅投资领域拼搏时的心情和感受。文旅是个很美很让人动心的投资方向，是个快乐的投资领域。阅读本书时，能够感受到作者愉悦的心情。在观赏山水美景之余，难得作者还能拨开面纱，研究背后的投资本质，也让我们有机会通过本书从一个近距离的视角再一次体会文旅金融的独特魅力。

  建飞在清华跟我做研究期间，一直非常勤奋刻苦。他经常就一些具体的问题向我请教，我们一起讨论，相互启发，他身上体现了很好的知行合一。《文旅金融无处不相逢》是他近期的一部新作，是他《金融暴风眼》之后的第二部。我相信未来他还会持续不断地有新的作品出现。我很喜欢他的文章，从中也丰富了我对金融的思考。我也期待他的新作品，期待分享他对下一个投资领域的观察。祝福他越写越好，也祝愿他在金融领域的收获越来越多！

杨之曙

2018年6月28日于清华经管学院

目录

拈花湾注定是个失败的项目

　　一次充满期待的"禅意"拈花湾之旅变成了失望之行，经过近察与深思，发现了拈花湾定位混乱引起的伤、产品缺乏带来的痛、服务不佳铸成的悲和非市场基因堆出的恨，期待拈花湾可以调整，给我们创造出一个高品质的"禅意"休闲圣地。

　　11月5日，带着会见老友的欢快和满满的期盼，来到了提前一个月预订的传说中充满"禅意"的拈花湾。穿过喧闹的人群，在老友的帮助下，顺利入住。小镇的建筑很符合我心中的标准：二层小楼，砖混与木结构的融合，淡淡的色彩，安静的客栈走廊，给了我一丝平和的味道。走进房间，布局确有禅的气息，软软的沙发，让我忙碌一天的心情开始放松起来。小憩片刻，与老友一起晚餐。寻找餐厅，进了数家，都摇头离开，最后坐在了可以容纳11人的聚贤阁。在吵闹、纷杂的环境中，忽然发现了近边的餐具箱，让我感觉突然回到了10年前去景区游玩时常见的情景。我开始失望，这是我想来休息的放松之地吗？离开前，进了景区卫生间，更加失望，"禅意"哪里去了，也许是商业街的人太多了吧，还是返回客栈吧。老友们提议一起重回旧日时光吧，电话告知前台请送4副扑克，回答只有1付，经一阵交涉，40分钟后送来了4副扑克，失望之情更甚。决战至深夜，各自休息。早餐后，老友再聚，有一家在房间中未出来，前往探望，原来，老兄一夜未能睡好，旁边的空调主机吼了一夜，老友交涉了半夜，失望之情复加。第二日的游湾之旅变成了思索之旅，半日近察加半日深思，心中结论飘起：拈花湾注定是个失败的项目。

定位混乱引起的伤

　　曾有幸会过一位国内知名的规划设计师，称拈花湾是其杰作，最成功之处在于，先建商业街，后建客栈，先商业街区聚人气，后客栈提升品质。但身临其境后，却认为此正是失败之源。拈花湾到底想服务于什么样的人群？定位在哪里？商业街吸引的客群主要是观光人群，价位不高的门票和普通档次的餐饮，主要服务于到此一游的中低端人群，一日之旅，匆匆而过，永不再来；但拈花湾的客栈重在禅境的高品质营销，定位在高端人群，房价高于五星级酒店，当服务中低人群的商业街与服务高端人群的精品客栈汇集在拈花湾时，碰撞难免，摩擦必起，失望必生，失败必显。

产品缺乏带来的痛

拈花湾应该提供什么样的产品为目标客户服务，首先应定好位。观光旅游与休闲度假对产品的需求是完全不同的。拈花湾是灵山集团的新尝试，灵山大佛与梵宫是灵山推出的口碑产品，可以满足观光客群的需求，但拈花湾是休闲之地，需要的是休闲产品。晚上九点，离开餐厅，与友人沿湖走走，想觅一茶室，走过三处饮茶之所，却都已关门息业。半小时的餐后运动，无茶酒吧亦可，终见一处，却见一男子握麦高歌，酒吧已成K吧，生意却不敌旁边的烧烤撸串。无休闲之品，何来休闲之地？"禅"是拈花湾的灵魂，但禅品何在？一个高端的旅游产品变成了乏善可陈的商业一条街，让人心痛，可惜了周边的山水美景。

服务不佳铸成的悲

旅游是一场精神之旅，尤其是在今天消费升级的环境中，高质量的体验成为成功的关键。对于拈花湾这样一个号称花费100亿打造的休闲度假胜地，极致的体验必然是标配。拈花湾让我们见识了硬件上的高度，但服务上的低度让我们大失所望。观光旅游是门票经济，休闲度假却是体验经济，让客户在精神上愉悦，对得起客户付出的高价格才是高端旅游的必由之路，服务是关键。服务是由细节组成的，客户满意度是个很难量化，但又是个不满意否决化的指标。减少客户的不愉快，成为服务的关键。服务是由人提供的，如何让员工发自内心地向游客传递快乐，真诚主动地帮助客户解决问题是服务的基石，但此次拈花湾之旅，未能感受到这样的服务。

非市场基因堆出的恨

拈花湾是一家由国有企业全资控股并运营的旅游项目，1994年开始奠基的灵山大佛开创了灵山集团在旅游市场的探索。作为一个需要大额投资但运营专业化不高的观光旅游项目，国有的背景和非市场化的运作使其获得了一定的成就，但我们仍然无法得知，20多年的漫漫投资路，巨大的投资是否收回了本息。看着拈花湾漂亮的精致小屋、规模宏大的未能租赁出去的空屋，这一次的投资何时能够收回呢？国有的优势是集中力量办大事，但旅游产品的运营却是持续长久的小事集合体，国有自上而下的力量之威和市场自下而上的服务之便是天然的矛盾。拈花湾的值班小哥没有一点处理突发事件的自主权，大事小事必上报请示的官僚之风让客户的不满从小变大，员工脸上的应付之色成为非市场化基因的真实反映。

2016年11月7日

中国民营金融的出路在何方

金融的新势力不断涌现，金融江湖必将风云再起，在夹缝中成长起来的民营金融必须尽快寻找到新的发展方向。国际化将是民营金融的新战场，混业化将是民营金融的新特色，衍生化将是民营金融的新利器，产融互动化将是民营金融的新征程。

中国金融业已经发生了翻天覆地的变化，利率市场化、资产证券化、资本国际化已经成为金融业的新特点。曾经一枝独大的银行业，现在已显疲态，存款不足，贷款不出，利润极速下滑；捡了剩宴风光一时的信托业，现已悄无声息；证券业在惨淡的大势下疯狂竞争；保险业藏利刃于袖口，觅机待出；另有部分御林机构挟铸币之威，搅动江湖；江湖大派强颜欢笑，勉强度日。发起于山林或草莽的私募和财富公司，乘市场变革之际，迅速壮大；借技术之利崛起的互联网金融，正在不断规范调整，产业资本也靠实力加速布局金融板块，民营金融快速发展，金融的新势力不断涌现，金融江湖必将风云再起。在夹缝中成长起来的民营金融新的发展方向在哪里？

国际化将是民营金融的新战场

金融早已穿过国界，成为全球化的生意，一些先知先觉的优秀企业家已经收购了国外的金融公司，还有一些一直在利用国际金融市场的低成本资金在国内攻城略地。国际金融市场与国内金融市场虽然还有汇率和外汇管制的阻隔，但资金流动的方式多种多样，夹着贸易的内保外贷已经成为街货。请永远不要低估金融的创新能力。民营金融如果想在未来占有一席之地，走出去必须成为常态——全面充分利用国际金融市场的低成本资金，参与国际金融市场的搏杀，成为未来生存的必备能力；以国内市场为基石，逐步渗透国际市场，成为民营金融发展的新阶段。

混业化将是民营金融的新特色

在国内市场，金融业的竞争正在不断加剧，混业已经成为大金融公司的标配，全牌照成为大金融公司的标签，各个牌照间金融市场的套利机会将在这一轮竞争中快速释放。金融也是个规模的游戏，混业让规模化快速实现。低成本、杠杆和高收益机会的组合，让小金融公司难觅生存空间。国有金融的强大信用背书，让混业牌照实现不是梦。民营金融在混业的进程中处于劣势，但民营金融的积极进取可以小补不足。民营金融的远距离跨区域布局，或许可以实现静悄悄布局。民营金融必须尽快实现混业，以便迎接下一波的金融狂潮。

衍生化将是民营金融的新利器

衍生品一直是金融的塔尖产品，其规模早就是GDP的许多倍，这是个典型的"钱生钱"市场，致富的速度令人叹为观止。衍生品也是创新的主战场。随着市场竞争的加剧，传统的金融产品盈利空间急速下降，如果不加入新的玩法，很难找到新的机会。衍生品是个高智力的金融行业，对顶尖人才的需求将不断加大。在国内，由于特殊的国情环境，对于高情商与高智商相结合的顶尖人才需求将更大，但实际上这类人才的供应非常少；所以民营金融衍生品的争夺实际上是对顶尖人才的争夺，谁先拥有了这类人才，谁就将拥有征服市场的新利器。

产融互动化将是民营金融的新征程

中国金融的现实环境是脱实就虚，金融市场不断空转，泡沫化不断扩大，对整个经济的伤害日益增大。此时抗击此风险的最好办法是产融互动，因为金融最终必须是为实体服务的，只有实体经济才真正创造价值，寻找未来具有增长潜力的产业是民营金融必须完成的功课，实体产业与金融产业本身也是一种资产配置组合。金融作为优化资源配置的手段，必须正确引导资源在实体产业间的配置，通过增加投资、并购重组、不良资产处置等手段，调节实体的资源占有能力，帮助经济实现良性循环。民营金融必须尽快参与到产融互动中来，在帮助完成社会资源优化配置的同时，优化自身的发展潜力。

2016年11月12日

创建亚欧旅游商贸与结算中心的构想

　　旅游业将成为"一带一路"战略推进过程中的重要抓手之一。加快西线旅游产业的发展需要尽快将亚欧旅游产品和服务证券化，需要尽快搭建技术系统平台，需要建立有效的交易机制，需要积极推进国际贸易结算便利化。

"一带一路"是国家近阶段最重要的战略之一。推动"一带一路"的发展不仅仅应以矿产资源和工业产品为主力军，更需要积极推动第三产业在西线的开展，激发西线经济最强活力。旅游业作为拉动人口流动的最好产业必然会成为西线战略推进过程中的重要抓手，加快西线旅游产业的发展需要尽快将亚欧旅游产品和服务证券化，需要尽快搭建技术系统平台，需要建立有效的交易机制，需要积极推进国际贸易结算国际化。

亚欧旅游产品与服务证券化

旅游产业的收入主要包括景区门票收入、宾馆酒店收入、景区内的演艺娱乐收入、旅行社和OTA的综合线路服务收入。这些收入可以提供持续稳定的现金流，但支撑这些收入的景区、宾馆酒店、娱乐设施、OTA设施都需要巨大的投入，投资回收期都比较长，投资风险比较大。解决这一矛盾的最好方法是通过资本市场，吸引更多的投资人参与，大家共同分担投资分享收益。把旅游产品与服务证券化后可以极大地方便投资人的参与。随着亚欧交通的改善，亚欧旅游市场将不断扩大，亚欧旅游产品与服务的证券化还将积极促进亚欧旅游商贸的发展，加速地区经济的融合进程。

搭建亚欧旅游商贸技术系统平台

亚欧旅游商贸必须有个大家共同参与的场所。在今天飞速发展的信息时代，线下实体交易的速度与效率远不及互联网，搭建网上亚欧旅游商贸技术系统平台成为必要工作之一。亚欧旅游商贸技术系统必须包括项目发布系统、用户投资与交易系统、支付与结算系统、安全系统和管理系统。项目发布系统是所有亚欧旅游产品与服务证券化后提交到平台的展示系统；用户投资与交易系统是用户看到证券化的产品后进行投资并进行交易的系统；支付与结算系统保证系统的所有资金流动畅通；安全系统必须确保网络与系统的安全，应对突发事件或黑客攻击；管理系统包括所有的行政管理和后勤服务。

建立亚欧旅游商贸交易机制

亚欧旅游商贸与结算中心的健康运行必须有一个公平公正的交易机制，包括保证金制度、报价制度、盯市制度、结算会员制度等。保证金制度可以约定一定的比例（如20%），作为履行亚欧旅游商贸的财力担保，然后参与亚欧旅游商贸的证券化交易。现在最成功的报价制度是纳斯达克形成的混合交易制度，亚欧旅游商贸中心可以将不同时点收到的订单累计起来，到一定时刻再进行撮合，在连续竞价机制下，只要存在两个匹配的订单，交易就会发生。盯市制度是指亚欧旅游商贸中心在每日闭市后计算、检查保证金账户余额，通过适时发出追加保证金通知，使保证金余额维持在一定水平之上，防止负债现象发生的结算制度。结算会员制度是指亚欧旅游商贸中心不是所有的交易会员都可以自动取得结算资格，只有那些资金实力雄厚、风险管理能力强的机构才能成为交易中心的结算会员，非结算会员必须通过结算会员才能进行结算的制度。

推进亚欧旅游商贸结算国际化

人民币国际化是我国对外经贸的主要战略。亚欧旅游商贸中心本身可以成为人民币国际化的重要节点之一，未来所有的亚欧旅游贸易都可以通过人民币来结算。亚欧旅游商贸与结算中心用人民币结算将有效降低企业在旅游商贸中的汇率波动风险，有利于促进亚欧旅游贸易的发展，可以获得国际铸币税收入，有利于提升中国在旅游世界的国际地位，扩大中国的国际旅游影响力。随着人民币跃进国际货币基金组织特别提款权货币篮子，人民币国际化已经有了质的飞跃，旅游商贸结算的国际化将成为人民币国际化的重要内容之一。

2016年11月29日

再论拈花湾：国有旅游景区公司的缺点

通过再论拈花湾项目，总结国有旅游景区公司存在的缺点，对国有旅游景区公司的管理提出了四条改进建议：非市场化目标导向必须改变；滥用政府信用冲动必须改变；低运营效率状态必须改变；运营管理权力体系必须下沉。

前段时间写了篇文章《拈花湾注定是个失败的项目》，收到了很多朋友的意见反馈，大家根据各自的体会发表了不同的看法，有赞成有反对。综合不同角度的观点，我们更能看到事物的全貌。拈花湾作为市场认可度很高的一个项目，必然有其成功之处。灵山集团长达二十年在文旅项目上的耕耘是令人尊敬的，但站在市场的角度，国有旅游景区公司在市场化运作过程中存在的一些缺点，必须引起大家的重视。站在社会经济发展的角度，我们必须思考如何才能让旅游资源实现优化配置，如何实现更高的效率与效益。

非市场化目标导向必须改变

旅游项目是综合效益显著的项目，除了具有经济效益外，还具有文化、历史、人文等社会效益价值。另外，大部分的旅游资源控制在政府的手中，旅游项目离不开政府的参与，但政府的目标重点应该在社会效益上，政府需要对景区进行管理和服务，提升社会价值，经济效益目标应该交给市场化运营主体来实现。国有旅游景区公司必须割裂开市场与行政两个角色，但在现实环境中，国有旅游景区公司往往是政府的派出机构，只是披上了市场化的外衣，此时旅游项目的市场化功能必然被弱化。国有旅游景区公司如果想保证旅游项目实现成功必须真正脱离政府行政序列，去掉非市场化目标，以最大化经济效益为己任，让旅游景区公司真正焕发市场活力。

滥用政府信用冲动必须改变

旅游景区项目投资金额巨大，国有旅游景区公司最大的优势是能够充分利用背后的政府信用获取低成本的超长期的建设发展资金。这些巨额资金投资后的经济回报一直比较低，甚至有些已经进入"借新还旧"的恶性循环。旅游景区项目混合了经济效益与社会效益的特性被再次提起，但社会效益的衡量统计本身是个巨大的难题。扛着社会效益的大旗滥用政府信用，以旅游项目名义占有优质资金资源却无优质投资收益是目前大多数国有景区公司的现状。其实长期不佳的投资业绩将给政府背上沉厚的债务负担，政府信用也不是无限透支的，运用市场化的方式对景区公司进行筛选才是正确之路。

低运营效率状态必须改变

国有旅游景区公司运营效率低非国有景区公司领导人的一人之过，全世界国有企业的运营效率低于民营企业是显性的事实。好的国有景区公司往往依靠个别领导人的独特魅力感染员工，但根本性运营机制的先天不足让企业的长期运营极难高效。在我们走访的景区公司中，有一个极端对比案例：同样状况的两家4A级景区，民营景区的收入是国有景区的3倍多，但国有景区2000多员工，民营景区仅有180人。据了解，国有景区员工的人事关系复杂，工作热情与工作强度远低于民营公司，主体缺位导致的低效运营状况已经成为国有景区公司的难点。

运营管理权力体系必须下沉

在与拈花湾值班经理的沟通中得知，一线的值班经理在处理突发事件时的权限非常低，唯一能做的工作是对客户的道歉与对领导的请示。旅游作为服务业，一线人员必须具有快速反应的责权，而国有景区公司遗留的官本位思想，使得国有景区高层不愿放权，基层员工也不愿承担太多责任，最终国有景区的服务普遍不到位。随着人们对旅游品质要求的不断提升，旅游景区必须把高品质服务放在首位，而基层员工是最直接面向用户的体验窗口，必须拥有最直接的运营管理权力。国有景区公司必须尽快将服务向上改为服务向下，运营管理权力体系必须下沉。

2016年12月2日

政府：请站在城市发展的高度谋划旅游业

随着产业转型与消费升级的到来，旅游更为人们所关注。各级政府都在加大旅游业投资的力度，旅游业兼具社会效益与商业效益的特点让政府必须站在城市发展的高度谋划旅游业。旅游业是个复合型产业、民生产业、环保产业，又是个人口导入型产业。

随着产业转型与消费升级的到来，旅游更为人们所关注。持续的旅游热和不断攀升的旅游流量吸引了众多投资者关注旅游行业，政府也在积极调整对旅游业的定位。随着习总书记对"青山绿水"的重视，各级政府都在加大旅游业投资的力度。旅游业的投资与传统的基建投资和地产投资有着截然不同的区别，如果说基建投资是以政府财政收入直接兜底、地产投资以土地拍卖回收投资的话，那么旅游业的投资到底应该如何确保收益呢？基建投资具有巨大的社会效益，所以政府通过公共财政买单合情合理；地产投资以商业效益为主；旅游业兼有两者的属性，尤其在政府全面铺开旅游业的早期，巨大的社会效益属性让政府必须站在城市发展的高度谋划旅游业。

旅游业是个复合型产业

房地产业曾经是国民经济发展的重大引擎，因为它的发展带动了多个行业的发展。在新的发展时期，旅游业正好可以填补房地产业下滑的空档。因为旅游业本身就是个复合型产业，包括了"食住行游购娱"等多个方面，是个综合性很强的产业，所以做大做强旅游业必须从多个产业入手，这样才能为游客提供综合服务，才能持续地留住客户，创造出更大的价值。随着旅游业相关产业的发展，整个城市的产业水平和服务水平必然提升一个档次，进而带动整个城市高水平发展。

旅游业是个民生产业

"旅游业发达的地方，居民的收入水平都很高"，这是一个很容易观察到的现象。民生问题是本届政府重点关注的领域，"如何改善民生，从哪里入手"是中央政府交给地方政府的一道必答题。改变以往的直接补贴方式，从"授人以鱼"转变为"授人以渔"，政府创造出一个大平台，让普通民众充分就业，以提升普通民众自我创造价值的能力。旅游业可以成为政府民生工作的重要抓手，从这个角度出发，政府更应该把旅游业放在城市发展的高度来思考，运用旅游业带动民生发展，促进居民收入提高。

旅游业是个环保产业

"造福子孙后代"已经不再是句口号，可持续发展不再是个目标而是个任务，环境保护已经是当下政府需要当即执行的工作任务。任何政府都不能为了政绩等短期目标而牺牲环境，否则必然成为这座城市的罪人。如何在环境保护的前提下发展经济成为一个新课题，旅游业正是解决这一难题的有效办法。清澈的水、干净的空气、绿色的植被是旅游业发展的基础，发展旅游业与环保的目标完全一致，旅游业的发展正在打开一个政府工作多赢的局面。随着旅游业的成长，城市也将变得越来越美越来越好。

旅游业是人口导入型产业

未来城市的竞争是人口导入的竞争，谁能够吸引更多的人口进入，尤其是高素质人口的进入，谁就将赢得城市间竞争的成功。旅游是吸引人口导入的最好产业，特别是从观光旅游到休闲度假，人们在这里停留的时间变得更长，这样人的智慧也将留下一部分，高素质人口的加盟对于一二三产业联动具有极好的价值；所以以城市发展为目标的旅游业必须有效匹配旅游产品的高中低档市场，积极吸引高素质人口的长时间停留。旅游业将让城市变得更有活力，让城市更具创造性，也一定能让城市发展得更好。

2016年12月28日

旅游+金融怎么玩

　　旅游是个朝阳行业，金融是个锦上添花的行业，所以近期金融圈频频出击旅游业。旅游+金融是个有待开拓的黄金之地，也是个难啃的硬骨头。旅游+金融到底该怎么玩呢？多产业渗入、重资产投入、强运营介入和全资源导入是玩转旅游+金融的基本保证。

作为朝阳行业，旅游业最近几年的高速增长吸引了众多人的关注。金融是个锦上添花的行业，看到旅游这么好的行业一定不会放过，所以金融圈频频出击旅游业。但经过一段时间的战斗，大部分乘兴而来，败兴而归。旅游业不像政府融资平台和房地产业那样简单直接，也不是VC和PE，有成熟套路可循，旅游业的独特之处在于它兼具社会效益属性和商业效益属性，且投资巨大，回收期长。旅游+金融是个有待开拓的黄金项目，也是个难啃的硬骨头。那么，旅游+金融到底该怎么玩呢？

多产业渗入

旅游本身是个行业，但旅游的背后有着更多的复合型行业存在，全社会大力发展旅游业的背后是产业转型与消费升级的需要。旅游业是个抓手，它可以引导产业和消费的迭代；旅游是第三产业的典范，可以带动第一和第二产业的转型，当第一、第二和第三产业紧紧地交织在一起、组合成以旅游为箭头的锥形阵时，"旅游+"的价值才能真正发挥出来。旅游+金融绝不是狭义行业的"旅游+"，而是以旅游为指引的多产业综合群。多产业的渗入把传统单一领域的价值扩大出更宽广的边界，优质的多产业生态链真正形成。

重资产投入

旅游业的特点是一次投资，长期回收，且旅游业具有极强的聚积效应。所谓的人流扎堆现象，其实是个胜者全得的现象，所以在某个类型的旅游业投资上必须下足本钱，一次到位，用重资产投入敲开旅游业的引爆点，然后不断垒积围栏，形成进入壁垒，实现长期收益。旅游行业的重资产投入离不开金融的支持，甚至可以说只有用金融的手法才能玩转旅游业。巨额的投资需要运用综合性的金融手段，并且只有把握好高效管理资金的时间节点，才能保证资金链的安全与健康，最终完成重资产投入后的保值与增值。

强运营介入

旅游业投资成功的难点在于持续的运营。长达10年到20年的投资回收期，让运营成为旅游投资的重中之重，强运营能力才是旅游项目成功的保证。强运营能力体现在前瞻性的规划能力、极具创意的品牌塑造能力和超强的市场执行能力方面。规划是旅游项目成功的基础，是设计师的最美图纸，是旅游这篇文章的理论之石。品牌是每个项目在旅游大市场中立足的个性标签，向其客户群传递独特的价值观和文化体系，可以把目标客户群有效地吸引过来。市场执行力其实是旅游服务的实现能力，它保证客户获得美好的直观感受和优质的旅游体验。

全资源导入

旅游业需要众多的元素加入，包括"食住行游购娱"等多个方面，每个方面都有专业化的强者，所以好的旅游项目一定是整合了众多资源，集成了多个方面的优质服务。旅游是个平台，通过优质食材的筛选，集合技术精湛的厨师，最终为客户端出一桌丰盛的大餐。旅游的资源导入还必须是独特的问题解决型导入。旅游项目必须是非标项目，因地制宜的规划设计与运营是关键，所以结合当地特色的资源导入变得更加重要。在这些资源中最重要的变量是文化因素，只有文化可以做到百花齐放，另外，科技创新与艺术创意也会赋予旅游项目不同的资源特色。

总之，旅游项目的投资属于复杂的金融领域，"四入"是玩转旅游+金融的基本保证。

2017年1月4日

金融的钱
怎么来

实体经济状况堪忧，但金钱正在搅动着整个市场。金融市场的钱到底是怎么来的？有四种来源共同汇成了金融市场的资金圈：银行贷出来，投资人汇出来，直接印出来，想办法造出来。

"市场现在不缺钱，缺的是好项目"，"2016年是资产荒，2017年资产将更荒"，"全世界都在货币超发，金钱过剩时代来临"，这些都是当下金融市场的一线声音。实体经济状况堪忧，大家把时间和精力都转到金融上来了，金融市场现在一片混杂，新的玩法和潮流一浪一浪接踵而来：互联网金融、新三板投资、概念股回归、金融科技、影视金融，金钱搅动着整个市场。那么，金融市场的钱到底是怎么来的？

银行贷出来

银行一直是金融的主要业态之一。由于金融市场存在着规模需求、期限错配和风险偏好，故银行的中介功能具有较高的服务价值。在中国金融市场中，银行是绝对的主力，银行放贷的债权模式是市场用钱的最基本模式。2016年社会融资规模增量为17.8万亿元，银行机构的钱在短期一定还是金融市场最主要的资金来源，但债权的最大特点是到期还本付息，所以银行的钱对风险高的项目接受难度大。安全是银行资金的第一考虑，所以在实体经济低迷的情况下，银行资金的理性选择是政府信用托底的政府融资平台和大型国有企业；但这两个主体并非市场真正的活跃支柱，民营的实体企业才是最需要资金的融资方，银行的钱必须真正服务于实体经济，市场才会有未来。

投资人汇起来

随着中国中高收入人群的增多和金融市场的发达，股权投资成为金融市场的新势力。股权投资的风险性高于债权投资，投资收益来自于未来收入的折现或股权出售时的溢价，实际上股权出售溢价也取决于未来收入的折现，所以项目未来的盈利能力是股权投资最重要的标准之一。找到了好项目，投资人把钱汇起来共同投资于此项目，获取未来的收益。投资人的钱汇起来后，也可以用于债权投资。现在市场上各种类型的财富公司、小贷公司、P2P公司都在直接汇集投资人的钱用于债权，但这类债权相比银行债权的风险更大一些，大部分投资以次级债权为主，所以必须高度防范风险。

直接印出来

金融市场还有一批钱是通过央行和中央财政直接印出来的，一方面是由于GDP的规模不断增加，需要更多的货币与其匹配，另一方面，中央也通过货币对经济进行调节，比如2008年中央政府的4万亿投资。金融市场就是个货币的大池子，在资金不畅的干枯时代，放点水才能让池里的生物活下来，但如果引导不善，也会出现洪水泛滥的情况，此时，各种物价飞涨，人们生活水平下降，整个经济的成长乏力。直接印出来的钱是政府调控经济的一种手段，尤其是在某种特殊情况下的一种短暂方式，而不能成为一种常态，通过市场化的方式应该成为经济调控的主旋律。

想办法造出来

金融通过资产证券化把实物虚拟化，通过衍生品交易把虚拟交易延长化，最终市场造出了一批新货币，这些新的钱在金融系统的体外循环，帮助市场重塑了财富系统。目前造出的钱主要有两种方式存在：一是各种代金卡，有些代金卡在地下市场直接进行再交易，还有一些通过链接商品，比如酒等流通性强的商品，更具有价值储存的功能；二是各种电子交易盘，这是链接现货市场的衍生品交易市场，由于存在杠杆作用，这种方式造出的钱的规模较大。随着资产证券化的深入，互联网电子交易的易得性增加，未来市场将会造出更多的钱。

2017年1月17日

从陆奇
加盟百度
看BAT的基因

通过陆奇加盟百度事件，观察百度、阿里和腾讯的成功历程，从公司使命、创始人的特质、人才观和战略布局四个方面分析BAT的基因。

最近朋友圈被陆奇刷屏了，陆奇何许人也？我想陆奇被关注的原因是该同志加盟了百度，而且成为百度成立以来权力最大的集团总裁和COO；另一方面，陆奇确实是人工智能的顶级专家，市场对百度的未来有了更大的预期。最近百度的股价上升是市场最直接的反映，百度在2016年诸事不顺的情况下，终于通过引入强力高管向市场传递出了正面的信号。腾讯也曾经遭遇过低迷时期。在微信出世之前，马化腾曾担心腾讯有关门之忧，随着微信的成功，腾讯迎来了第二波的大发展。阿里是第一个成功趟过第二条河流的公司，以支付宝为核心的蚂蚁金服帮助阿里打开了一片新的天空，但最近新的考验正涌向阿里。三家成功的公司都在努力拨开迷雾，根据自身的基因方向走向更远的目标。

从公司使命看BAT的基因

百度的使命是"让人们最平等便捷地获取信息"。搜索是互联网吸引流量的一大入口，沿着这条路走下去，在信息时代可以有宽广的舞台去施展。让客户更有效地获取信息，成为最大的需求，通过人工智能可以很好地解决这个问题。技术是百度的核心基因。阿里的使命是"让天下没有难做的生意"，电商正是在这个使命指导下的最直接应用。人们在互联网上的生活离不开商业，但电商并没有改变商业的本质，只是个工具。随着电商技术的成熟和普及，生意变得更加难做。腾讯的使命是"通过互联网服务提升人类生活品质"，社交是他的强项，通过社交导入人流，利用游戏实现收益，从QQ到微信，腾讯的社交基因一直没有改变。

从创始人的特质看BAT的基因

李彦宏是个成功的技术专家，百度是在他的研究成果基础上创建而成的。李彦宏，北京大学毕业、美国硕士毕业和在国际知名互联网公司的经历帮助他带领百度一直走在搜索领域的前沿。百度给大家的印象也是在BAT中技术最好的公司。马云已经成为中国的盖茨和乔布斯，出色的口才和思维带领着阿里为市场提供了阿里巴巴、淘宝、天猫和支付宝等多个优秀产品，一个完全不懂技术的人在互联网世界打出了一片异样的天空。马化腾是个低调内敛的人，完美地实现了互联网技术与市场的融合，以产品经理为核心的团队管理方式成为互联网公司的榜样，免费的社交方式加上收费的游戏模式，实现了市场占有率与收益的双丰收。

从人才观看BAT的基因

百度的人才观包括四个方面：招最优秀的人，给最自由的空间，看最后的结果，让优秀的人脱颖而出。陆奇的加盟是第一条最直接的体现，但结果导向和残酷的内部竞争让坊间传言"百度的人一挖就走"。阿里的人最难挖，阿里有最强的HR体系，也是一家喜欢不断灌输价值观和企业文化的公司，所以高工资加上实实在在做事情提高了阿里人的凝聚力，互联网江湖中阿里系的实力正在不断增强。腾讯的人才观里最强调的是"重视员工成长"，所以新人在腾讯的收获最大，但腾讯的架构太成熟，在这里个人的价值经常被平台价值掩盖，所以梦想的激情可能会促使人离开，开放的人才态度让腾讯在生态业务拓展上收获很多。

从战略布局看BAT的基因

网上有一张图列出了BAT三家的战略布局：搜索、即时通信、工具、电商、基于位置的服务、金融、泛娱乐、在线教育、健康医疗、智能硬件和数据。三家顶级公司全面布局多个市场，都在构建自己的立体生态系统。除了各自的大本营，在其他领域，我们通过比较能够更加清晰地看出三家公司的基因——百度在工具、智能硬件方面具有领先优势；腾讯强在泛娱乐、在线教育、健康医疗和部分位置服务领域；阿里胜在金融、数据和部分位置服务。各自优胜的领域是其基因能力的延展，进而又再一次强化了各自的基因。通往成功的路有很多条，每个公司必须根据自己的基因，找到并完善独特的能力和方法，奔向更远的方向。

2017年1月22日

做金融也需要匠人精神

　　"匠人精神"是当下的热门词汇，匠人精神与金融的精神内核有相通之处。文章从四个方面对金融匠人进行了分析：金融匠人的培养；金融匠人的成长；金融匠人需要持续的学习；金融匠人需要有创新精神。

最近一直在看一个朋友的公众号"见匠"——介绍中国成功的匠人和匠人作品。朋友非常认真，坚持原创，坚持用匠人精神打造自己的公众号，每次细读，都感觉是一次心灵和视觉的享受，我对匠人精神也开始着迷起来。传统印象中"匠人"埋头苦干，不言不语，疏于交流，专注于手中的工作，给人一种"木讷"的感觉，但真正的"匠人精神"是淬炼心性、养成自己，是带着情怀执着地做美好的事，为社会、为他人工作，让生命熠熠生辉。结合自己从事的金融工作，我发现匠人精神与金融的精神内核有相通之处。一直以来外界对金融的看法是"短、平、快"，但金融真正的核心是分析、研判、创新、整合和价值实现，金融是个成就他人、实现自己的事业，所以做金融也必须有匠人精神。

一、金融匠人的培养

一个优秀的匠人需要长期的基础学习，而且有别于学历教育，往往需要有位优秀的老师言传身教，在大量基本功训练的基础上，把匠人的技术与思想理念慢慢地变为自己的思维习惯，让这门手艺与个人融会贯通，达到身心的完美融合。金融匠人也需要大量的时间累积技艺，一般大学毕业生进入好的金融机构会有2—3年的时间轮岗学习，了解项目、融资、风险等多个岗位的知识和相关处理流程，学习如何与客户打交道。金融工作的核心是风险管理，而风险无处不在，所以每个环节都需要用心地体会，揣摩拿捏分寸，从跟随师傅处理业务到独立处理业务还要有很好的悟性，一般5—8年后，一个合格的金融匠人可以顺利出师。

二、金融匠人的成长

随着时间的推移，金融匠人必须找到属于自己的成长之路——是业务岗还是职能岗，是项目端还是融资端，向前走的路总是更艰难。很多人会停下来看风景，或者直接停下来休息，舒服待着不再起航，但金融匠人们必须努力向前走，去看不一样的风景，去体会不一样的人生。成长没有终点，关键是要学会享受过程，金融是个极具张力和体会控制的领域，每个金融业务都像是个艺术创作过程，每个金融谈判都像是画出的音符，把这些音符和作品归集在一起就汇成了金融匠人的成长之路。用快乐的心态、诚恳的态度和朴实的精神去雕琢成长之路，金融匠人必能到达成功的彼岸。

三、金融匠人需要持续的学习

金融是个比较烧脑的工作，每年每个阶段市场都会有新的投资热点，会有新的资本玩法，金融匠人们必须快速学习，紧跟时代的脚步。近几年国内的金融圈不断变换频道，从房地产金融到互联网金融，从新三板投资到上市公司定增并购，从金融科技与文旅投资，还有一直在谈的资产证券化，到多层次资本市场的建立，金融的知识丰富而立体，时刻变化而深刻。金融匠人要学习的知识不完全局限于金融，其实金融是门综合学科，是门应用型很强的学科，需要其他多学科知识体系的支持。历史、人文、艺术类的知识，甚至物理和化学等理科知识，都会对金融产生很大的帮助。

四、金融匠人需要有创新精神

优秀的金融匠人从来不故步自封，不断创新才是他们工作的主旋律。与时代同步，保持旺盛的创新活力，运用最新的手段解决不断变化的新问题，是金融匠人一直在做的事。创新是丰富的想象力和细致的执行力的结合，创新的金融匠人思维十分活跃，能够快速地举一反三，善于提出一些天马行空的想法；另一方面，他们还必须有极强的执行力，好的想法如果没有执行，最后只能是一种幻想。想象力和执行力实际上是知和行的关系，优秀的金融匠人必须做到知行合一，真正为社会创造性地解决问题，运用金融手段帮助社会变得更好。

2017年1月24日

行走在管理路上的一点感悟

　　站在年关的节点上回顾上一年的管理体会，总结了四个方面的感悟：战略与执行、业务与职能、民主与霸权、管理者的人格魅力。

管理是条很长的路，在这条路上每个年关都可以视为一个节点，在每个节点都可以总结这段时间的感悟，看看自己的不足，观察别人的成功经验，调整自己次年的管理方式，探索适合自己的管理风格。这个时代变得越来越有趣，地球上最强的国家一名优秀的商人成了总统，很多总统都在做生意，管理的思维已经不分经济与政治，管理成为每一个组织工作的核心内容。管理是每个组织大脑产生的思想结晶和执行指令，每个组织根据自己的目标和禀赋确定适合自己的管理风格，管理是每个组织的最核心资产。

一、战略与执行

在做管理咨询师时，我发现了一句话"方向对了不怕路远"。我一直很喜欢这句话，把它送给了很多朋友，自己也一直觉得这句话很适合我，因为我的战略方向感一直不差，但今年我决定将这句话修改为"方向对了更要努力前行"。在商业的残酷竞争中，光有方向感不足以成功，企业最终只看结果，结果是检验成功的唯一标准，任何借口、任何运气不佳都无法改变失败的事实。看看残酷竞争的互联网公司，每一个好方向都会有很多公司杀入，但最终只会剩下一家。那些被淘汰的公司方向都对，但努力不够，或许运气不佳，最终都消散在尘埃中；所以管理必须有好的战略规划能力，更要有强的执行力，永远跑在最前面。

二、业务与职能

每个组织都会有业务与职能两条线，业务是前端，职能是后端。作为一名一直拼杀在业务前端的工作者，和市场上所有人一样都十分强调业务的重要性。"业务是龙头"，"业务是生命线"，这是事实，没有业务，公司的生存就面临困难。公司存在的价值是通过业务为市场提供好的产品或服务，但业务不能掩盖职能端的价值。如果业务是火炮，职能就是弹药，职能确实不能取代业务的地位，但职能与业务是一种互相补充的关系，二者相辅相成。在业务与职能的配合过程中，合作的心态一定要贯穿始终，要相互理解，相互支持，在管理的激励手段上要充分体现二者的合作价值。只有业务与职能共同服务公司的战略，共同强力执行，公司才能走向更远的地方。

三、民主与霸权

在管理世界一直存在两种典型风格，一种是民主，一种是霸权。我们一直认为传统企业的管理模式多为霸权式管理。中国众多的民营企业一直采用家长制的作风，而互联网等新兴行业体现为一种民主风格，"民主、开放、平等"是他们的底层基因。通过最近两年近距离的观察与思考，我认为这两种方式在管理实践中都产生了巨大的问题，实际上如计划经济与市场经济的争论结果一致，民主与霸权也应该适当融合。民主集中制是我党成功的法宝之一，企业管理也必须学会活用这两种手段，在谈论问题时民主，在决策时集中。一个企业保持一种声音有利于强执行，尤其在创业初期，集中优势资源抢占高地必须成为常态。

四、管理者的人格魅力

现代企业的管理难度越来越大，因为员工的素质正在不断提高，市场的流动性越来越强。管理的实质是对人的管理，如何选人、用人、激发人、监督人变得越来越难。管理必须从压迫式转为引导式，用制度完成压迫式的功能，用思想和价值观完成引导式功能。企业领导人的人格魅力变得越来越重要。管理者的人格魅力并不是千篇一律的，每个人都可以根据自己的特质去形成自己的魅力体系，但个人认为，正直、务实和快乐的魅力永远是正确的方向。管理者不仅仅是为了公司的发展去完善自己的人格魅力，也必须站在个人发展的角度去不断学习和完善自己，给自己一个更健康快乐的人生。

2017年1月25日

南京：一座家的城

　　春节，开车行走在空旷的街道上，很想写一篇南京的文章。南京是一座人文之城，南京是一座成长之城，南京是一座一直让人想离开的城，南京是一座家的城。

初一，我带着家人去了鸡鸣寺，因为鸡年更望鸡鸣。周二，我带着家人去了夫子庙，听说科举博物馆开张了。我开车行驶在宽阔的马路上，心情随着车内的音乐飞舞，思绪忽然把我带到了第一次来南京的路上。那时的城东还是高低不平的省级公路，我对这座城市充满了好奇，我将在这座城市完成我的大学学业，我的未来正从这座城市起航。20多年过去了，我一直生活在这座城市里。在这座城市里我曾经开心、愉快、失望、迷茫，失去过方向，找寻过自己，但一直在这座城里。春节前，看了一个朋友写的一篇南京的文章，当时也想写一篇自己的感受，但一直没有找到感觉。今天在空旷的街道上，我忽然有了对这座城市的想法。

南京是一座人文之城

我在南京的东南西北中都住过很多年，印象最深的是住在大行宫的四年，每天从总统府路过，可以散步去图书馆，可以免费去美术馆，可以骑车去明故宫。南京六朝古都的底蕴极深，印象最深的是上大学时，最喜欢看《扬子晚报》。据说南京当时是全国看报纸人数最多的城市，后来的《南京晨报》和《现代快报》一起把纸媒做得风生水起。南京高校云集，优秀名校紧随北京、上海，南京的基础教育更是全国领先。很多人感叹，南京学生考上三本的成绩在外省可以直接上一本。很多在南京上学的同学，经过几年的适应后，最终都选择留在这个城市工作；所以南京人的受教育水平很高，读书看报、谈古论今是这座城市的时尚，也正是这种人文氛围吸引了更多人留在这座城市。

南京是一座成长之城

南京并不是座发展特别快的城市，在省内也落后于苏州和无锡，不过聚江苏全省之力，还是实力雄厚的。这个城市一直在有序地成长，青奥会的成功举办让城市的西南部有了较强的活力。也许这个城市没有最强的符号，但你所需要的元素在这个城市大都能找到。我在这个城市的第一份工作是卖寻呼机，后来卖过电脑、有色金属、图书，做过咨询师，成为一名金融从业者。这个城市给了我成长的历练，给了我成长的机会，让我从一个懵懂无知的新手变成一名游刃有余的老手。我在这座城市里有过无数个不眠的思索之夜，思考，实践，不断调整自己，寻找那个最好的自己。我和这个城市都在成长。

南京是一座一直让人想离开的城

我有很多次想要离开这个城市，大学毕业最想去深圳，但户口的束缚让我留了下来；工作几年后，特别想去苏州，但忽然一个转折，我回学校读研究生了；很想去上海读博士，但由于一些特殊的原因，还是留在了南京。也许年轻总会有颗不安分的心，想去更远更好的地方看风景，但现实却做了无奈的选择，不过想离开的次数多了，也会问自己为什么总想离开。南京人有个称呼"大萝卜"，意指南京人敦厚和朴实，也指南京人木讷与愚笨，实际是南京人的压力感不强，没有足够的竞争意识；所以南京这座城在发展中一直滑落，在长三角的核心中现在已经成为最弱的城市。这个城市混日子的氛围更重，发展的机会更少。

南京是一座家的城

硬币总有两面，南京一面渐离发展的第一梯队，另一面是南京更温情，很多人的共识是"南京是座适合生活的城市"。以前我出差回到南京时总会有一种特别的亲切感，在南京生活有家的温暖。行走在那些熟悉的街道：中山东路、上海路……置身于那些著名的地点：新街口、鼓楼、山西路、夫子庙……南京已经成为我生命中最重要的一段经历，像是长期相处的老朋友，相互了解，相互理解。家就是你远行时心里牵挂的地方，就是你在疲惫时感觉可以放松的地方，就是你在失望时促你奋发的地方。不知不觉，我与南京已经相处了20多年，她已经成为我难离的朋友，成为我相亲相爱的家人。

2017年2月3日

特色小镇：从理念推广到实施运营

　　新年后的第一天，思考如何更好地做特色小镇的工作：特色小镇的理论已经日趋成熟，特色小镇的实践处于初期启动阶段，特色小镇从纸面规划走向地面落实，特色小镇的运营先导已经开始。

刚刚过去的一年里，投资领域最火的一定是特色小镇。全国上下、长城内外、五湖四海都是特色小镇的声音，各级政府在经济转型过程中的新目标就是特色小镇，各级政府领导在市场"特色小镇"的狂轰滥炸中都已经成了理论专家。特色小镇是个典型的卖方市场，各地市县区级政府是目标对象，一时间战略合作满天飞。中央的目标是到2020年完成1000个特色小镇，现在扯着特色小镇大旗的已经提前完成目标；但接下来，如何把特色小镇成功落地才是关键所在。

特色小镇的理论已经日趋成熟

"产、城、人、文"的特点已经基本归纳了特色小镇的形态。特色小镇非行政"镇"的单位，是指一片新的区域。特色小镇的理论体系已经无须赘述，特色小镇是政府对新型区域和新农村未来的一种展望，或者是下一阶段需要实现目标的新描绘。在特色小镇里，人们可以安居乐业，产业可以精而强，小而特，小镇呈现的是一片生机勃勃和欣欣向荣的景象。特色小镇的理论体系也为下一步工作指引了方向，新一轮的投资、新一轮的建设、新一轮的运营将在特色小镇里展现出来。特色小镇是个完全非标的项目体系，在共性理论的指导下，如何筛选和塑造出独特的个性是特色小镇真正的难点。

特色小镇的实践处于初期启动阶段

特色小镇成名于浙江，推广至全国。即使在浙江，真正成功的特色小镇也不多，全国的特色小镇大多处于初期阶段。在这个阶段必须梳理清楚几个问题：特色小镇的主体到底是谁？特色小镇的投资如何解决？特色小镇的投资回报来自哪里？明确特色小镇的主体必须处理好政府与市场的关系。当然，政府主导型特色小镇与市场主导型特色小镇可以同时存在，但两者随之带来的投资与运营也将有较大的差别。政府主导型的小镇当然以政府投资为主，以市场投资为辅，这类项目不可能成为主流；市场主导型特色小镇才是主力军，所以投资回报必须达到市场要求。特色小镇投资大、回收慢的特点是大多数小镇处于初期阶段的主要原因。

特色小镇从纸面规划走向地面落实

猴年洽谈的特色小镇基本都完成了纸面规划，进入新一年，纸面的规划必须走向地面落实，建设与前期项目推广成为工作重点。特色小镇的建设包括基础设施建设、人文景点建设、旅游设施建设和特色产业建设。这些建设必须定出明确的时间计划，按时保质保量完成，同时各类建设材料和资源的准备也必须有明确的计划和资金保证。项目在建设同时必须启动宣传推广工作，让特色小镇早日被市场认可，早日实现投资收益。另外，特色小镇的文化体系也需要进入规划阶段，小镇的文化基因和氛围需要提早进行布局和引导，以保证小镇未来的居民拥有一致的价值观和生活观。

特色小镇的运营先导已经开始

特色小镇的运营重点集中在产品、服务和资金三个方面。特色小镇将向市场提供什么样的产品，物质产品与精神产品能否搭配吻合；特色小镇将向市场提供什么样的服务，近处的体验服务与远程的信息服务之间能否搭建出有效的桥梁；特色小镇的资金流能否充足与健康。特色小镇是个产业联动的集合体，一产是基础，二产是躯干，三产是大脑。特色小镇的重点在于第三产业，产品与服务都以目标客户群为对象，以实现现金流回收为结果。特色小镇的运营重在解决三个问题：为谁做？

做什么？怎么做？这与特色小镇最初的定位相一致，即在核心城市的周边区域承接中高端客人的休闲度假类服务，承担产业的转型升级功能，形成新型高品质的工作休闲生活区。

2017年2月3日

观「Amazon Go」有感

　　看了《马云傻眼了，亚马逊让美国提前进入新零售时代》的文章，我对"亚马逊的市值超过了美国八大零售商总和"与"不是实体经济不行了，是你的实体经济不行了"印象深刻。我认为，商业的本质永远不变，必须用新思维、新科技改造传统产业。

今天看了一篇网文，名为《马云傻眼了，亚马逊让美国提前进入新零售时代》。本以为又是标题党，但认真看完后，不知马云是否傻眼，我是肯定傻眼了一下。当我们还在大聊新零售概念时，亚马逊已经进入实践推广了。虽有幸混过一段时间的互联网金融江湖，对科技改变人类生活的方式和速度不陌生，但Amazon Go还是让我震惊了一下，人工智能竟然如此快地来到我们身边，实实在在地解决我们的生活问题，真的太牛了！

亚马逊的市值超过了美国八大零售商的总和

十年前实体经济高速发展，亚马逊的市值相对于美国零售商店的市值"逊色"很多。随着互联网的发展，亚马逊变得越来越强大，支撑亚马逊市值增长的核心并非盈利能力而是提升效率的能力。云计算领域巨大的投入与细分垂直领域巧妙地结合在一起，打造了一个强大的数字帝国，给了市场未来多年的想象空间，亚马逊市值是市场对其未来前景看好的货币反映。相比而言，中国资本市场的市值管理，借壳保壳、资产重组等不时上演，唯独缺了真正提升市场核心竞争力。当然中国资本市场的成熟度还有待提高，投资人的浮躁带动了市场的不理性，但真金子才能长期发光，中国资本市场的市值必须真正回归到提高解决问题的能力上来。

不是实体经济不行了，是你的实体经济不行了

这两年中国实体经济下滑的速度是惊人的，很多人认为是市场大环境的问题，是互联网冲击的结果。前些年的实体经济活得太舒服了，被互联网的浪潮小冲一下，繁荣就飞散了。我们的实体经济抗击风险的能力就这么弱？当大家都在说实体经济没戏的时候，Amazon Go给了我们新视角——实体经济运用最新的科技和理念改造后，可能会变得更好，

而且，实体与虚拟的划分并不重要，实体经济与虚拟经济的融合是必然趋势，能解决客户问题、满足客户需要的经济就是好经济。所以，不是实体经济不行了，是那些不能更好满足客户需要的经济形式衰落了。

商业的本质永远不变

不管未来科技如何发达，市场如何变化，商业的本质永远是满足客户的需求，解决用户的痛点，提升用户的体验，让经济更有价值。在Amazon Go中强调的三点都可以很好地击中用户：不排队，不用结账，没有收银员。这正是当下实体商店的要害点，用户在这样的环境中将获得更加满意的感受，用户的价值将有大幅度的提升。现在的经济环境中还存在着大量的客户不满意的状况，通过研究进行模式创新和科技创新，可以很好地改变这种状况。不断地改进、创造有用的价值才是社会前进的动力所在，商业就是要让人们的生活变得更美好。

新思维、新科技改造传统产业

在帮助人们生活更美好的过程中，使用的方法是新思维和新科技。商店不是一直就存在的事物，现代人常见的画面是你买完东西，到商店门口排队结账，但新的思维方式描绘了一种新的画面：你走进来，用手机扫一下入口，即可随意取走你想要的东西，然后从容离开。这种新的方式未来还会有更新的改进，根据你的购物习惯，商场每个月可以自动向你提供购物清单，并自动送货上门。未来可能还会有更多的我们今天无法想象的商业场景，因为新科技的力量正在变得更强，每一次科技的新潮流都会对传统产业带来新的改变，产业的定义甚至会消亡或重塑，产业的生命在变化中不断重生。

2017年2月6日

影视投资的迷局与方向

深入研究影视已有半年的时间，现在有点"看山不是山，看水不是水"的感觉。影视投资的风险控制难度大、成本弹性大、商务资源交换更重要，对应的策略是跟投、小成本制作切入后逐步放大、结合自身的资源在某个环节进行集中投入。

从2016年9月开始深入关注影视行业，半年的时间结识了不少影视圈的朋友。在这些朋友的帮助下，我对影视行业从一无所知到逐渐了解，颇有点"看山不是山，看水不是水"的感觉。很多朋友问我们是不是也踩着金融圈玩影视的风潮进来玩票的，平心而论，我们确是被这股风卷进来的。我们认为影视投资的市场迎来了开启机会，我们是要长线涉入的，所以我们希望认真研究这个行业，持续投资这个行业。有人说"未来所有行业都会是娱乐行业"，这可能有点夸大；但随着人均收入的增长，精神领域的消费增长是不争的事实，而且很多传统行业的转型必须考虑到品牌升级，影视行业的机会将越来越大。

影视投资的风险控制难度大

影视产业链包括制作、宣发、放映和衍生。目前国内的衍生品开发还处于初级阶段，电影的主要收入来源是票房和广告，电视的主要收入来源就是广告。在影视作品制作和宣发的环节中存在很多不确定的因素，有些可能给项目带来致命的风险，比如主创人员不当行为、权利许可问题、商标问题、公映许可问题。另外，项目在制作和宣发过程中的进度控制风险也比较大。突发事件影响项目进度，进而带动多类风险的连续触发，也是很难控制的。所以影视投资必须运用风险投资的思路去运作，不同于传统的金融投资。

影视投资的成本弹性大

投资的世界永远关心两个词——收入与成本。影视项目的成本弹性远大于其他行业，尤其在金融涉足影视后，明星的身价飞涨，有玩笑说"女明星现在都不嫁企业家，直接选男明星了"。一线明星过亿加盟已经不是什么新鲜事，但导演和大明星一定能保证收益吗？实际情况是根本无法保证，2016年底各类大腕败于票房市场的事实，充分注解了此类问题。还有其他成本如道具、宣发和后期制作，也是弹性巨大，同一个项目在不同的团队手中运作，花费的成本可能有天壤之别。影视项目涉及很多小的环节，而每个环节都存在一定的技术壁垒，所以每个环节的非标性，加剧了成本控制的难度。

影视投资的商务资源交换更重要

经过与多位朋友的沟通发现，真正在做项目的影视人，一般都在影视圈混迹多年，对影视行业有深入的了解，有丰富的资源积累，或者身边有一位非常懂行的业内人把控业务。大部分的影视项目方会经常互换资源，娱乐圈其实也是个相互帮衬的行业。可以想象一下，商务资源交换实现了目的，降低了成本，控制了风险，是个非常有效的运营方法，所以锁定强的影视资源进行交换，将非常有利于影视投资。

方向一：跟投

影视风险那么大，降低风险的路径之一是跟着有经验靠谱的大伽玩。有些风险投资基金的原则是每个项目投资额不超过10%，影视跟投也可以采用这种模式，通过跟投接触并整合更多资源，为未来主投影视项目做准备。在跟投过程中选择主投方是关键，这个模式与VC的工作相仿。项目运作团队的口碑与能力是最重要的资产，所以投项目的实质是投人，找到优秀的人去合作，一起面对市场的暴风骤雨。

方向二：小成本制作切入逐步放大

控制影视成本的最好方法是先投资几个小成本的作品，熟悉一下全部流程，分解成本的支出项，做好预算体系，严格按成本进行操作，记下成本弹性大的易发点，为未来进行大成本投资做好准备。实际上影视投资也是个熟能生巧的行业。随着项目的累积，影视投资的经验也在增加，交小学费挣大钱才是投资新行业的基本流程。另外，开始阶段投资的项目最好与公司的资源相关，这样部分成本可以用公司资源的使用替代，投资成本也会降低，等经验增加后，再开启其他类型影视项目的投资。

方向三：结合自身的资源在某个环节进行集中投入

每个公司都会有独特的基因和独特的资源，这些资源与影视总会找到一种有效的联结方式。把这样的联结点放大，进行业务创新，形成独特的影视资源，再用这样的资源与影视形成互换，将是有效进入影视行业的途径。在已接触的影视圈朋友中，有的是做影视器材租赁起家的，有的是直接投资摄影棚的，有的是做后期制作的，有的是从剧本创作开始的。他们通过不断学习，最终独立操作影视项目。影视资源最重要的内容也在不断变化。近几年随着大片云集，影视科技的地位变得越来越高，很多做互联网的也进入影视行业，结合自身的资源在某个环节找到适合自己的影视切入点，最终更深入地理解影视行业。

2017年2月7日

畅想未来小镇

　　小镇已经成为人们关注的新热点。未来的小镇会是什么样子？可以从四个方面予以畅想：科技改变小镇，艺术服务小镇，小而精的生态体系，真实版的空想社会主义。

春节刚过，人们再一次回到正常的工作与生活轨道上来，那一抹乡愁随着春风一起吹散而去。每年一个轮回，乡愁会在下一个年底静静守候，与之一同等待的还有那个寂静的小镇。在城市化的初期，人口和资源都向核心城市集聚。随着城市规模的不断扩大，规模经济开始逐步显现，小镇成为解决新时期新问题的一把钥匙。政府与市场从不同的视角开始思考小镇的发展之道，各个主体运用不同的方法创建不同类型的小镇。相信随着时间的推移，万溪成河，小镇最终必将展现全新的面貌，服务新时期人们的生活。那么，未来的小镇会是什么样子呢？

科技改变小镇

小镇必须改变传统印象中的模样。现在大家都在谈一二三产联动，核心是第三产业，其中科技是关键。小镇不是落后的代名词，应该站在全球视角和全球科技前沿建设运营小镇，在引入发展资源时，重点引进一流的核心人才，做强小镇的特色产业。配套设施的建设也必须站在最先进的前端，比如交通问题，如果有一天大家都开着飞行器来小镇，那么小镇与大城市之间的时空将不是问题。最快速的网络带宽可以直接拉近人与人之间的距离，万物互联让小镇的每个节点都与工作生活相连，与远端的客户和朋友相连。科技让人与生活、人与工作、人与人之间不再有任何阻碍，小镇可以与最远的大城市融于一体。

艺术服务小镇

未来的小镇将处处都是艺术品，因为人们已经被先进的生产力彻底解放，好的创意成为普遍现象，人们生活在艺术的怀抱里，通过艺术表达对世界的看法，并相互交流。各种类型的个性特征可以被开发，每个小镇的居民经过相处和磨合，形成统一的价值观，通过艺术化的处理向公众传递。在小镇的建设与运营过程中艺术性的思维将成为主导思想，"食住行游购娱"等方面都可以有艺术的加入，美食、美景、美业组成小镇的方方面面。人们的职业也会混入艺术的细胞，工作也可以成为美学，或者工作的内容里也处处拥有艺术的因子，小镇就是一部宏大的艺术作品。

小而精的生态体系

有了科技力量的帮忙，小镇在发展中将充分调动外部资源进行服务，集中力量发展内部小而精的生态体系。这种生态体系可以包括动植物生态循环系统、可持续能源系统、文化传播系统、高精尖产业研发系统、外部资源合作与协调系统。前两个系统是基础系统，可以保证小镇独立持续地运营下去；中间两个系统是中枢系统，是维护小镇发展的核心；最后一个系统可以保证小镇的活力，确保小镇融于外部环境，服务于外部环境。未来的优秀小镇是精华版的城市，而非缩小版的城市，甚至是优于城市的新型综合体，可以引领人们新的生活方式。

真实版的空想社会主义

19世纪初，空想社会主义的思潮曾经影响过一大批人，后来一度被人们批判为不可能和空想；但随着生产力的极速发展，按需分配和自主劳动在不远的未来很可能会成为现实。由于生产力水平高，人们的普通生理需求得以解决，而工作可能会成为人的需要，而不是负担，人们愿意通过工作实现更高层次的满足。一批人自愿在一起按自己的方式组成一个小的社区，进而形成新型的小镇，小镇将成为真实版的乌托邦。

2017年2月14日

电影
就是一次
深入的思考

　　每看一部好的电影，自己都会沉醉其中，思绪会紧紧地围绕在电影周围。好的电影总会让人思考良多：电影是对未知世界的探索；电影是对事业的重新认识；电影是对人性的拷问；电影是对生活的思考。

一直很喜欢看美剧，最近在看的是《亿万》，讲的是一个联邦检察官和对冲基金大鳄的较量，看后感慨良多。现在大部分的美剧是用电影的手法拍摄，随着影视科技的发展，美剧的制作质量不亚于电影，而且由于突破了时间的限制，美剧更像是加长版的电影，所以我更愿意用电影来代替美剧，当然也包括传统的电影。电影是一种视听艺术，在观影过程中，你的视觉和听觉被调动起来，直联你的大脑与心灵。如果这个作品很优秀，它就一定会唤醒你的大脑，触达你的心灵。

电影是对未知世界的探索

大家特别喜欢的电影，比如《越狱》《纸牌屋》《绝命毒师》《行尸走肉》等，其故事情节都是一些很让人好奇的领域。电影通过虚拟空间向人们展现这些奇妙领域里一个个鲜活的故事，所以电影本身就是一种新的创造，创造人们未知的世界。这些故事有的是在真实的事件基础上创立的，有的完全是天马行空独立构思的，它们告诉影迷那是一个特别的新世界。透过电影，我们可以提前为各种可能的突发情况做好准备，所以好的电影是链接在真实世界上的虚拟未来。

电影是对事业的重新认识

每个人可能会喜欢不同类型的电影，而你的喜欢可能正是你心理的折射，你会觉得你就是电影中的某个角色，你会站在另一个角度来看待自己的角色。当你真正走进电影，你会与电影一起思考，透过电影的思考，你也正在思考你自己。电影像是一面镜子，场景与现实在你的大脑中自由地切换。你会问自己：现在的状态是不是最好的自己？你真正想要的到底是什么样的状态？你的事业会把你带到最佳的状态吗？你是不是能在现有的事业中成就非凡的你？电影也会打开你的想象力，与你的事业相结合，让你在观影中找到最佳的成功路径。

电影是对人性的拷问

美剧最大的特点是在人物的塑造方面放弃了简单的非黑即白的处理方式，这与真实的人性更接近。每个角色都是正反的统一体，正面人物可能也会用负面的方式实现目的，反面角色在某个瞬间也会释放人性的善良。有时你会不自觉地审视"性本善"与"性本恶"的观点，每一种善与每一种恶都会有更深的原因，有点像佛教文化中的"因果报应"，所以美剧的剧本对人物的介绍非常详细。很多电影成功上映后，导演会回头去拍前传，这是因为在剧本创作时，已经把角色的前传早就准备好了。看电影就是在阅读每一种不同的人性状态，而这样的人性也是变化的，电影让我们更深层次地去拷问人性。

电影是对生活的思考

我们为什么爱看电影？因为电影就是我们的生活，视听艺术可让我们的生活再一次重现，让我们重新体验生活的酸甜苦辣。电影从不同的角度反映我们的生活，爱情、友情、兄弟情、父子情等各种情感在电影的世界里流淌，生活中的矛盾与冲突在电影中被集中放大。电影拓宽了人们的生活，成为生活中必不可少的内容，它和人们一起成长，让人们的生活更有质量，让人们更踏实地追求美好。世界因为电影变得更精彩！

2017年2月26日

从百度和乐视的高管离职看企业为梦想和生存而战

透过百度的人工智能专家吴恩达离职和乐视汽车丁磊离职的现象，分析为梦想与生存而战过程中企业与优秀人才之间的关系：企业必须是一个吸引人才和人才施展才华的舞台，每个优秀的人都在寻找合适的平台。梦想是企业前行的永恒动力，生存是企业存在的前提条件。

财经圈永远不缺题材，乐视、小米、万科、国美，每个巨头的故事都可拍出多部影视剧，他们真实版的故事甚至比影视作品更具观赏性。最新的剧情是百度的人工智能专家吴恩达离职和乐视汽车丁磊离职，这已经是个滞后的消息了，但透过这个消息我们可以看到企业高层人才的流动这两年十分频繁。为什么这些企业的高管会在很短的时间里频繁离职呢？当初都是美好相遇、激情相拥的，这样的戏码很像今年英超的主教练，多位主教练中途下课，连上届冠军教头也饭碗不保。企业到底是个什么样的地方？企业到底该有什么样的人才机制？

企业必须是一个吸引人才和人才施展才华的舞台

企业就是人的集合体，汇集合适的人，做合适的事。有企业家直接说，老板的主要工作就是招人、用人。招人这种方式很实用，也很传统，三顾茅庐的典故是个榜样，优秀的人才是请来的，在请的过程中关键是你拿出什么来吸引优秀的人才。人才的坏毛病是水平高胆子小，他会分析判断企业未来能给他带来的收益有多大，同时风险是否可控；所以施展才华的舞台企业必须为其搭建好，或者至少有个雏形，大家共同扩建。在吸引人才的过程中必须坚决杜绝人品差的人，因为人品差的人未来的破坏性可能是致命的。企业在吸引到人才后，关键还要留住人才。万达金融和万达影视的实践告诉我们，对人才的尊重与使用不是军队的令行一致能解决的，人才是活的资源，激发人才的创造性才是企业真正的发展之道。

每个优秀的人都在寻找合适的平台

千里马难觅，伯乐更不常有，个人的成长必须依托于一个组织的成长。有两种路径可以达到目的，一种是个人自建组织，这样的人才必将历经磨难，汇天地之灵和个人努力必有所成；另一种路径是个人找到合适的平台，依托平台成长，这是个相对保险的方式，但难点在于适合的平台很难找，有时甚至可遇不可求。寻找平台的优秀人才本身强在专长，需要与另一批有专长的人一起组建一支完美的团队。这个团队是非此类人才可控的，所以匹配度要求非常高。一个简单的寻找平台方式是找个好BOSS，好BOSS就是好平台的领头人，直接决定平台未来的成就。在滚滚红尘中，想找个为你舔血卖命的人很难，要找个为你挡风遮雨的人更难。

梦想是企业前行的永恒动力

有人说企业吸引人的最好办法是高薪，但真实的人才市场，当人才的等级达到一定程度后，你会发现高薪给人的吸引力是递减的。马斯洛早说过人的最高需求是自我价值的实现，当基本需求满足后，能够刺激优秀人才前进的动力一定是梦想。优秀的人才不会为了一点薪水每天浪费时间，梦想越大人才的机会成本就越大。梦想是指引企业前进的灯塔，企业的使命不是贴在墙上的口号，是溶入每个员工血液的行动指南。为了实现梦想，必须有详细有力的计划、严密的论证、快速的探索、坚决的行动、深入的分析、精辟的总结、理性的调整，还需要持续跟进，不断缩短与梦想的距离，最终实现并超越梦想。

生存是企业存在的前提条件

在前进的道路上，你还必须不时地回头看看你的储粮，如果跑得太远但粮草未到，梦想只能成为水中月镜中花。企业如果在激烈的市场环境中没有后援团，成则生败则亡，每天都面对残酷的竞争，活下来才会有机会；所以企业不能有太多花哨的人才秀，人才也必须理解企业的现实压力，与企业共同直面生死。在生存面前人才的弹性空间更大，人才可以选择离场，重选平台，但企业重建平台的难度要大得多。企业的掌舵人必须控制好平台前进的节奏，平衡未来与现实之间的矛盾，把生存放在第一位。乐视当下的境况是最真实的注脚，能够长期生存下来的企业本身也是一种成功。

2017年3月27日

特色小镇文旅运营的关键点

消费升级是文旅产业发展的大机遇。伴随特色小镇的兴起，文旅成为每个特色小镇的必备内容。面对未来众多特色小镇的竞争，文旅运营显得更为重要。特色小镇文旅运营的关键点在产品、品牌、服务和资金四个方面。

当消费升级来临时，文旅产业迎来了发展的大机遇。随着特色小镇的兴起，文旅成为每个特色小镇的必备内容。现在特色小镇的名字满天飞，全国各地都在做康养小镇，都在做影视小镇，各种"节"遍地横行。最近同时收到了参加三个"桃花节"的邀请，文旅口号与定位同质的现象在特色小镇全面推开的环境中已经成为不可阻挡的现实。当然，在中国这样如此庞大且区域分散的市场环境中，同一个方向汇集众多竞争者是不可避免的趋势。随着时间的推移，如何在同质定位中脱颖而出、如何做好自己的文旅运营已经成为特色小镇经营者必须解决的问题。那么，特色小镇文旅运营的关键点在哪里？

产品

互联网有个"爆品"思维，重点讲如何推出一个极具杀伤力的产品。在互联网发展的早期，很多人都认为技术才是互联网的关键，但最终市场的事实证明产品永远是运营的基础。腾讯"产品经理负责制"的模式帮助其成为互联网的霸主之一。特色小镇的文旅运营也必须有"爆品"思维，每个特色小镇必须建成自己的产品体系，同时集中资源打造强威力的"爆品"。随着观光游向度假游升级，游客对于精神产品的需求不断增加。充分释放文化和艺术的创意能力，为产品注入活的灵魂成为关键；另外，产品的高品质成为产品成功的另一关键。在这个过程中，最重要的是需要平衡旅游淡旺季的客流量。让每个顾客都享受到高质量的产品，必须成为特色小镇文旅运营的基础。

品牌

每个特色小镇都可以视为一个大的市场项目，市场项目必须有立体的品牌塑造和推广体系。特色小镇的品牌必须向市场传递"这里是一种什么样的生活方式"。"场景"是品牌最重要的元素，每个特色小镇的文旅运营必须有自己的场景库。每一个场景都是一幅文旅的画面，它可以清晰地告诉顾客特色小镇提供的与众不同的服务内容，每一个场景传递的过程都是与顾客交流的过程。特色小镇在品牌运营过程中必须强调内容输出，传统的硬广告模式已经被体验式、参与式的软广告取代，让顾客在阅读内容时不知不觉地了解特色小镇的服务项目成为一种最新的选择。影视文化作品成为特色小镇文旅运营绕不开的载体，通过内容输出不断提高特色小镇的品牌价值。

服务

特色小镇的文旅运营是个长期过程，运营中服务口碑的力量是巨大的，只有顾客满意才能形成持续的竞争力，所以服务是特色小镇文旅运营的核心工作。服务是个无形的工作，一家五星级酒店给人的服务感受与三星级有明显的区别，但在实践工作中一家五星级酒店的经营状况可能不一定比三星级酒店好。如何为客户在有限的资源和成本条件下提供优质的服务，是特色小镇文旅运营需要思考的问题。服务也是个感受弹性特别大的工作，如何结合本地文化和资源形成特色服务更为重要。海底捞能在竞争激励的火锅市场中脱颖而出，正是得益于建立了一套特色服务体系。特色小镇的文旅本就属于服务行业，打好服务牌、建好特色服务体系，才能让特色小镇在未来市场的残酷竞争中立于不败之地。

资金

特色小镇是个大项目，投资大、回收慢是其显著特点，所以整个项目的资金管理是重中之重的工作。财务预算、资金规划、营运资金管理是特色小镇文旅运营过程中必须时刻关注的焦点。特色小镇文旅运营的优点是可以形成持续的现金流，这为特色小镇的资本运作打下了坚实的基础。特色小镇的文旅运营不只是传统意义上的经营业务，更是体现现代金融特色的资本业务。特色小镇必须把资金业务放在更重要的工作位置，传统的工作内容必须配合资金业务进行张弛有度的运营。另外，资产并购重组业务必须放到运营中来，让特色小镇以资金为轴，成为文旅资产优化配置的平台，以实现特色小镇的长期运营目标。

2017年4月18日

你的『西部世界』是什么样子

看完美剧《西部世界》，我被深深地震撼了。西部世界是很多人心目中狂野的世界，也是自由的世界。通过《西部世界》我们能感受到：生命不断地轮回；生活就是一条条的故事线；每个人都在不断地找自己；人机大战必将来临。

刚看完最新版的《西部世界》，又是一部优质的美剧。在看这部剧之前，我专门看了1973年的电影版《西部世界》。40多年前，美国人已经在幻想机器人与人类如何共处了。时光飞逝，今天最新的美剧版用更精良的制作向我们描绘了更具体更丰富的"西部世界"。人类在梦想中不断超越自己，也在超越的过程中不断认识自己。如果"西部世界"是个Game，那么我们的生活也是个更大的Game。通过观赏这部剧作，你一定可以获得新的体验，或者你曾经的体验会变得更强烈。西部世界是很多人心中狂野的世界，也是自由的世界，每个奔往西部世界的人都是去寻找不一样的自己，寻找最真实的自己。

生命不断的轮回

机器可以不断地重置，场景可以不断地重复，看起来我们在不断地操控机器人的世界，让它们反复地为我们服务。其实我们的人生也在不断地重复，每次重复的过程就像是生命一次新的轮回，也许唯一的不同是我们重复的频次低于机器人。大部分人都在经历出生、长大、结婚、生子、成熟、衰老的过程，也许我们认为我们的故事是独特的、唯一的，但当站在人类的阶递上俯瞰这个世界时，我们会发现我们只是在重复很多前人走过的路，只不过我们在重新去寻找一遍人生的意义而已。当然，积极的观点是我们努力去创造更好的生活，让每一次轮回时，我们都想办法加入新的元素与内容，让生命更灿烂。

生活就是一条条的故事线

《西部世界》里有很多条不同的故事线，一条故事线就是一组场景，每个场景就是一段生活的内容，这些场景的集合构成人们生活的画面。我们生活在自己制造的故事里，真实的世界比西部世界更精彩，故事的剧本随着环境与我们自己的不断改变而改变，我们是生活的创造者，我们生活在我们创造的生活里，工作、家庭，爱情、亲情、友情，合作、敌对等等构成了错综复杂的故事线，我们努力、认真、失望、激动，用行动、态度和情绪为故事线注入活的灵魂。我们以为我们强有力地控制着生活，也许是生活在控制着我们，我们超越每一条固定的故事线，又正在谱写新的故事线。

每个人都在不断地找自己

每个到西部世界的游客都想发现一个新的自己。随着游戏的深入，每个人会发现那个更真的自己。寻找迷宫的黑衣人多次往返西部世界后，普通的故事线已经无法吸引他了，他想寻找最深处的游戏，其实他已经在游戏的最深处了。哲学的命题深奥而简单，最深处的自己一定是简单纯粹的自己。直面自己的过去，回归最初的本源，人类就是在复杂与简单的反复中一直走到了今天。人是很怪的生物，得到或拥有的感受总是边际效用递减的，期盼或努力的东西是边际效用递增的，用一句话来说就是"得不到的才是最好的"，所以找自己的过程就是个不断折磨自己的过程。去西部世界的游客用感观和迷宫刺激自己，折磨自己，最终体验那些平时得不到的自己。

人机大战必将来临

机器人能否超越人类并最终取代人类是很多人十分关心的话题。西部世界向人们描绘了机器人发展的方向，当你无法分辩机器人与人类的差别时，机器人将进入一个全新的阶段，当你发现伯纳德也是个机器人时，你会惊叹于编剧的创意。事实是随着人工智能的发展、计算程序的不断迭代，也许有一天机器人真的会觉醒。当他们觉醒时，人机大战必然来临。不过我们不一定要担心人机大战的结果，因为觉醒的机器人也会像人类一样进行分化，机器人的情绪也必然是有分别的，有邪恶就会有善良，机器人的世界与人的世界会融合在一起。就像现在这个世界，不一样的肤色共同生活在一片蓝天下。人类会随着机器人的进步一起进步，与机器人一起探知这个世界的奇妙。

2017年4月19日

业务圈的
南派与北派

　　业务圈存在两种不同的价值观：南派和北派。这两派在处理业务时的指导思想可能会有本质的差异，具体表现出来的印象可能有三种：务实与吹牛、严谨与天马行空、靠谱与离谱。当南北派互搏时，结果取决于领导的风格和最终的业绩。

在业务圈混了20年，接触了形形色色的客户，也认识了形形色色的业务人员。每个人都有一套适合自己的业务方法，很多人形成了自己的业务风格，有的业务人员善于搞定人，有的业务人员善于搞定事，有的业务人员以强产品为依靠，有的业务人员以强关系为纽带。业务可以简单理解为拓业时需处理的事务，有时面向少数人展开工作，有时面对广大受众展开。虽然面对客户的人数可能有很大的差别，但业务工作的价值观没有改变。最根本性的价值观一般可以分为南派和北派，这两派在处理业务时的指导思想可能会有本质的差异。具体表现出来的印象可能有以下三种：

务实与吹牛

业务的最终目的是取得合作、赚取利润，最棒的结果是长期合作、持续盈利。这种最棒的结果一般是南派的业务目标，因为务实是南派的标签，只有务实的处理业务，双方才能不断磨合，长期发展，在求同存异、共荣共进的基础上一起成长。务实是客观理性的分析市场与公司的资源与能力，集中力量解决目标客户的问题，与客户共享价值果实。北派的标签是吹牛，过度包装自己的资源与能力，运用绚丽的色彩晃晕客户的眼睛，快速获取订单，快速收割利润，大部分会留下一个烂摊子。北派的业务世界是快速变换的，吹牛的世界必不长久，但见效快，转移快，适合快速变换的行业。

严谨与天马行空

严谨是南派的另一个特征。每个业务都可以分解出一些业务线路，这些业务线路上又一定会存在一些业务节点。分析业务节点、理清业务线路、找准关键点是南派的工作作风，也是其严谨的具体体现；另一方面，在与客户的沟通过程中，思维逻辑清晰和承诺有度是严谨的另一表现，说到必须做到。业务世界也是充满风险的世界，严谨才能预防风险。北派的另一特征是天马行空，一方面所有的外部资源在瞬间可以为其所用，信手拈来，可以快速找到资源整合的切入口；另一方面创意十足，面对新的业务总能快速找到突破口，把握住业务前进的新动力。

靠谱与离谱

南派做事的风格会给人留下靠谱的感觉。靠谱是个很宽泛的概念，是业务人员给客户的综合感觉，客户与这样的业务人员打交道时会信任他。靠谱是一种境界，业务合作是建立在信任基础上的合作，如果没有信任，双方的沟通成本将非常高，尤其是长期合作，一定是建立在信任与靠谱基础上的，靠谱的人才能一起做靠谱的事，靠谱的人也必然与靠谱的客户走到一起。离谱是北派给人留下的印象，说大话，但总是落不了地，甚至有些大话超出了大家的认知。北派常以马云自居，当年马云同志也是一直说很多人不懂的话，区别是马云干成了。所以我们只能说离谱是一种境界，一种少数人难以企及的高度，不在我们普通人的世界内。

南北派互搏取决于领导风格

很多公司都同时存在南北派，南北派的地位取决于领导的风格。如果你的领导是个南派，那么你必须向南派靠拢；如果你的领导是北派，你必须向北派看齐。有一种说法："不管黑猫白猫，能捉老鼠的就是好猫。"其实，黑猫在白猫的世界中十分扎眼，白猫在黑猫的世界里一目了然，所以独善其身只是理想状态。另一种方法是："你南北功夫、内外兼修，适时变换风格，无论风吹雨打，屹立不倒，领导南派你南派，领导北派你北派，当然别忘了业绩是王道。"业务圈的领导也可以适时地转换一下风格，同时吸收南北派之长，让合适的人去面对合适的客户，最终共同攻占业务之城。

2017年4月25日

金融风暴
的本质

　　近期的金融监管和金融反腐风暴，让很多圈内朋友担心金融风暴即将来临。金融风暴的核心是资源配置问题，金融风暴的根本是分配不均衡问题。金融监管和反腐是解决前两个问题的有力手段，但解决金融风暴的根本手段是建立政府与市场并存调控的金融环境。

新华社2017年4月刊发一条通稿："中共中央政治局4月25日下午就维护国家金融安全进行第四十次集体学习。"市场风声鹤唳，很多圈内朋友直言金融大风暴即将来临。近几年，银监会和证监会频频发文，加强监管的力度越来越大，但现实的结果是问题越来越多，成果越来越差，房价依然高涨，股市混乱依旧，在市场一线的感觉是日子越来越不好过，生意越来越难做。金融是国家命脉，政府必然会下重拳治理。金融监管和金融反腐的难点在于，这是个需要丰富金融知识和经验的领域，一招不慎很容易引起市场波动。所谓的大风暴应该是金融监管和金融反腐风暴，而非金融市场的大风暴，相信管理层会处理好这两者之间的关系。

金融风暴的核心是资源配置问题

翻开历史，每一次的金融风暴都和资源配置出现问题有关。早期的金融危机与生产过剩有关，课本中的资本主义国家将牛奶倒入河中是个资源浪费的极端场景，近些年的金融危机逃不掉资本过剩的影子，2008年的金融风暴与资本对房地产的过度信贷有关。看看我们身边的经济环境，实业不振、房价高企、股市泡沫，这些现象都在告诉我们一个事实，我们的资源配置一定出现了严重的问题。西方经济学给出的资源配置方案是市场，但市场的过度逐利性并没有完美地解决资源配置问题。资源优化配置离不开政府的监管，但单一的政府监管也有弊端。中华文化哲学的中庸之道可以有效地解决这个问题，活用政府与市场两种手段才能有效解决资源配置问题，防范化解金融风险。

金融风暴的根本是分配不均衡问题

深入分析后会发现，资源配置问题并没有挖出金融风暴的本质，其根本原因在于分配的不均衡所产生的消费能力下降。出口、投资与消费是拉动经济发展的三驾马车，前两项的实质还是消费，出口是国外消费，投资是政府消费。政府消费最终还是普通民众消费，如任由经济发展，最终会呈现二八法则，20%的富裕阶层分享80%的经济成果，甚至更加严重。消费市场没有了，经济必然出问题。金融是经济的钱袋子，是最早感知这种变化的，或者会加速这种变化。分配不均衡最终走向难以协调的阶段，经济走向坏的方向，泡沫不断累积，金融风暴必然发生。

金融监管和反腐是解决前两个问题的有力手段

当金融出现严重问题时，金融监管和反腐可以快速解决金融中的局部问题。金融监管从事的层面进行调整，金融反腐从人的层面解决问题。近期强化监管的政策被业内编成了"银行间专用划拳令"："两加强啊，三套利啊，三违反啊，四不当啊，七号文啊，十风险啊，双十禁啊，回头看啊，再回头啊！"金融监管层显然已经从多方面调整业务内容，加强了对风险的防范与控制，抑制金融资源向效率低下的方向流动。保监会主席项俊波被查，拉开了金融反腐大戏的帷幕。在金融资源配置和分配不均衡方面，所有被查或待查的人员都起到了非常不好的负面作用。运用权力扭曲资源配置并攫取财富，给金融市场和社会经济带来极大的伤害。

解决金融风暴的根本手段是建立政府与市场并存调控的金融环境

金融监管和反腐可以短期延缓金融风险的爆发，但不能解决长期存在的问题。如果想让经济获得长期可持续发展，必须建立政府宏观调控和市场微观调控相结合的金融环境，政府需要从制度方面进行持续改进。随着科技的发展和生活的变化，金融的基本环境也在不断变化。最近几年对混业监管的需求正在不断提高，金融机构运用科技手段，减少了不同金融业态之间套利的成本，加大了金融风险发生的可能性。政府对金融调控的政策机制必须适应新环境的变化。另一方面，还是要充分发挥市场微观调控的功能，让金融主体可以自主地运用金融手段服务经济发展，并分享价值果实，让金融服务于人民生活水平的提高，让金融服务于大众，让金融市场充满活力。

2017年4月27日

我是穆里尼奥的球迷

我是穆里尼奥的粉丝，喜欢看他的新闻。从切尔西开始，一路追随，国米、皇马、切尔西、曼联，他在哪里，我的视线就在哪里……关注他的哲学，学习他的方法，了解他的人生，希望从中获得启发，帮助自己去争取一个成功的人生。

万众瞩目的曼市德比以平局告终，这是个可以接受的结果，未来一切都还有希望。我是个伪球迷，基本不看球，也很少去踢球，但我喜欢看足球评论，尤其喜欢看关于穆里尼奥的新闻。从切尔西开始，一路追随，国米、皇马、切尔西、曼联，他在哪里，我的视线就在哪里。围绕着他，我也会去看他身边的新闻。他的对手，他的球员，可能相对于足球运动，我更喜欢分析足球世界中的人。作为男人，在这个战争稀少的和平年代，足球可以让你保持对战斗的热情。战斗总会有输有赢，但你一定只会关注那个一直赢的人，关注他的哲学，学习他的方法，了解他的人生，希望从中获得启发，帮助自己去争取一个成功的人生。

态度：务实、真诚、热情

穆里尼奥的哲学是赢者至上的实用哲学，最具代表性的是注重防守的1∶0主义、摆大巴和防守反击的战术。在切尔西一期没有历史和球迷的压力、结果第一的指导思想下，这种战术思想是穆里尼奥的主流思想；但皇马和曼联的球迷要求更高，穆里尼奥对球队的务实哲学有了新的提升，开始关注和满足球迷的进攻要求，积极推进进攻战术。穆里尼奥在处理人的问题上更直接与真诚，伊布、德罗巴等人是他坚定的支持者。虽然有时这种直接的方式并不被很多球星接受，比如C罗、阿扎尔、德布劳内等，但真男人都会喜欢这种风格，在对待球迷的真诚方面更受到了大家的认可。热情地对待本职工作是很多成功者的共同品质，每一场比赛都不放弃，每一次都细心准备，你可以时刻感觉到穆里尼奥的专注和对足球的忘我工作热情。

困难：勇敢、积极

现在的曼联正处在困难时期，伤兵满营、双线作战、赛季末期疲劳累积，此时唯一的对策是咬紧牙关，勇敢面对，以精神的力量积极应对。穆里尼奥是激励大师，最新的消息是他清空了卡林顿食堂和通道两侧的功勋照片，三分之一挂上了去年的夺冠照片，剩余的三分之二空着，其目的是激励手下的球员积极勇敢地创新历史。回顾追随穆里尼奥的历程，他也有过很多困难时期，如皇马后期和切尔西二期被解雇前后。经历过低潮后，他依然一如既往地努力，在新的一站谱写辉煌。人生总会遇到潮起潮落，我们应在每个低潮期不气馁，积蓄力量，总结教训，调整自己，为下一站积极准备，勇敢迎接下一个挑战，争创下一个成就。

伤害：用成绩回应

当穆里尼奥重回切尔西时，是带着深深的爱回去的，他期待在切尔西可以成为弗格森式的人物，但以黯然下课的方式离开切尔西是他无法想象到的，他是带着恨离开他最爱的地方的。在六个月的等待后，他回到了英超，我想他是带着决心重回英超的。虽然这期间他还有很多其他机会，但他还是回到了英超，因为他想战斗，想要用成绩证明那些让他离开的人是多么错误。在竞争激烈的足球世界，唯有成绩可以去抚平内心的伤害，唯有成绩可以证明你依然优秀。这是个胜者全得的世界，你可以平衡所有的资源，只为最后的胜利。当你站在世界顶峰时，那些曾经的伤害都会成为你的垫脚石，让你越走越高。

未来：生命不息，战斗不止

54岁的年龄在教练界属于壮年，穆里尼奥的职业生涯还会有很多年，我们无法想象到退休那天，他还会取得多少荣誉；但有一点我们深信，他不会停下来躺在过去的功劳簿上。正如他所说，足球就是他的生活，没有工作的日子很难熬，他的世界离不开足球教练的陪伴，只要生命不息，必定战斗不止。我们每个人的生命旅程都是生生不息的过程，有些人幸运地在很年轻时就找到了自己的最爱，有的人一生都在寻找，还有人一生都很茫然，我认可前两种。寻找与奋斗的日子都是最美的，流水不腐，只有运动才是永恒，只有积极向上的运动才是灿烂的永恒。

2017年4月28日

特色小镇的立体攻势如何组织

　　全国各地的特色小镇已经全面铺开，如果把特色小镇想象成一座堡垒的话，那么进攻特色小镇必须有周密的组合计划和细致严谨的进攻梯次。攻击第一波：PPP投资基础设施；攻击第二波：产业基金投资特色产业；攻击第三波：上市定增投资做强产业；攻击第四波：贸易资金助力运营产业。

全国各地的特色小镇已经全面铺开，对特色小镇的研究已经不必再论证是否要做，而是要论证到底该如何做好特色小镇。特色小镇的核心要素也已经被解剖，特色产业是关键点，如何筛选并做强做大特色产业是特色小镇进入新阶段必须思考并解决的问题。如果把特色小镇想象成一座堡垒的话，那么进攻特色小镇必须有周密的组合计划，必须做好打持久战的心理准备。细致严谨的进攻梯次必须提前拟定，从基础到垒尖，从外围到内圈，全面立体的攻击态势必须依次展开，以最终实现特色小镇的长期繁荣。

攻击第一波：PPP投资基础设施

特色小镇3—5千米的面积是片不小的区域，"九通一平"（"九通"为通市政公路、雨水、污水、自来水、天然气、电力、电信、热力及有线电视管线，"一平"为土地自然地貌平整）是必需的。特色小镇外由政府负责，镇内由项目方负责，一些发达地区基础设施已经非常好，无须进行额外的基础设施建设，或者本身财力雄厚且新增投资不大，但大部分新设的特色小镇周边的基础设施并不理想，需要大量的新增投资，所以建设特色小镇第一波必须帮助政府解决基础设施投资问题。目前最有效的办法是PPP，运用社会资本的力量帮助政府解决基础设施投资难的问题。必须说明的是，这些PPP投资不一定仅仅是为特色小镇而投，比如污水处理项目，除了解决特色小镇内的污水问题，也可以帮助解决周边居民的污水处理问题。运用PPP方法，可帮助特色小镇打下坚实的环境基础，为特色小镇的发展开启第一波工作潮。

攻击第二波：产业基金投资特色产业

每个特色小镇都必须根据当地的特点找到比较优势，组合当地的资源，在特色产业方面下功夫。寻找特色产业、设计特色产业节点、布局特色产业长期发展、帮助当地真正打造产业核心竞争力，这些都是产业基金的业务范围。特色小镇产业基金与传统产业基金的运作方式的不同在于：传统产业基金在全国乃至全球优化配置产业资源，时空的限制很小，资本可以自由流动，流向效率最高、收益最好的地方；但特色小镇产业基金一定是有地域限制的，否则就违背了成立的初衷。帮助地方经济发展，或者以当地特色产业为龙头整合外部资源，是特色小镇产业基金最重要的工作。

攻击第三波：上市定增投资做强产业

特色小镇选定产业方向后，必须面向市场思考如何成为产业最强的节点。培育一个产业强节点需要很长的时间，在现在特色小镇全国铺开的环境下，必须想办法快速突破抢占跑道，最有效地办法是在现有产业最高的存量方面下功夫。目前市场最强的产业公司大都集中在上市公司，所以上市公司定增是特色小镇工作潮的第三波。在这样的业务体系下做上市公司定增也必须区别于传统的上市公司定增，必须与特色小镇的业务形成协同效应，所选择的标的必须是特色产业链上的企业，定增后的附加条款是帮助特色小镇推进特色产业发展。当然，特色小镇的资源也将优先配合上市公司的发展，以实现双方共赢共进。

攻击第四波：贸易资金助力运营产业

特色小镇是个超长期的项目，特色产业找到方向及高度后，就需要长期运营，在运营产业的过程中贸易是一种非常重要的方式。无农不稳、无工不富、无商不活，商业贸易是增强特色产业活力的有效办法。通过贸易，特色产业可以扩大规模，扩大影响力，进而带动特色小镇的影响力。贸易也是整合产业资源的有效手段，尤其是海外贸易，可以帮助特色小镇整合全球资源，提升特色小镇在全球市场的竞争力。通过贸易，特色产业实现长期有效健康运营，有利于特色产业真正形成战斗力，真正攻破特色小镇的坚强堡垒，真正实现国家城镇化的战略布局。

2017年5月4日

政府业务的核心关键点

　　政府业务是金融圈的核心业务之一。政府业务的核心关键点主要集中在四个方面：规模体量与资本实力；业务时间与耐心态度；深度关系与合作思维；盈利开发与风险管理。

当下，金融圈最热闹的投资是大数据、人工智能、生物科技。人们畅想未来，希望通过科技的突破解决人类发展面临的桎梏。虽然个别明星企业几年内取得了高达千倍的投资收益，但这个圈子真实的情况是风险极大，真正成功的金融机构寥寥可数。那么，大部分金融机构的业务方向是什么呢？国内近几年增长最快的金融机构是信托，大部分信托的主要业务是政府融资和房地产业务，其中相对稳定且规模最大的业务仍然是政府融资。拉动经济发展的三驾马车中投资的重要性非常明显，而政府投资是绝对主力，所以政府业务是金融圈的核心业务之一。那么，开拓政府业务的核心关键点有哪些呢？

规模体量与资本实力

与很多地方政府的朋友打交道，他们首先会问公司的资本实力如何。政府的招商部门希望引进有实力的企业，通过投资带动当地经济的发展。随着我们经济总量的不断攀升，各地规划的手笔都越来越大，长三角一个区县一年的规划投资体量为一千亿。现在经常听到圈内的朋友说，与政府谈合作几个亿的项目你都不好意思开口，现在几百亿的投资体量遍地都是，所以与政府合作必须有足够的实力，有较强的投资体量。一方面，市场上单纯在政府与金融机构之间做中间人的"掮客"生存空间越来越小；另一方面，组团与政府合作的"联合体"越来越多，整合充足资源为政府提供一揽子方案的金融公司逐渐成为主流。

业务时间与耐心态度

与政府合作必须提前储备充足的耐心。一方面，项目规模越来越大，导致合作双方都越来越谨慎，双方都必须经过一定时间的相互了解，信任与博弈不断展开，政府作为项目落地的主管部门有多种理由对项目进行慎重处理，而且作为非市场化主体，政府并不直接承担投资资金的时间成本，有充足的弹性空间与投资公司轻松周旋；另一方面，中央对地方政府的债务模式转型指导已经全面推开，缩减地方政府的债务规模已成必然，让社会资本直接投资、通过运营回报投资的方式将成为主流，但项目的运营周期一定很长，运营风险的不确定性更大，所以真实落地一个项目的业务决策时间也会变得更长。

深度关系与合作思维

与政府的合作是与一种体系的合作。政府的组织结构和决策方式决定了与政府建立长期合作关系的难度，所以深耕一些区域，进而形成长期深度的政府合作关系十分必要。在建立关系的过程中合作思维是最重要的。合作思维要求你必须深刻理解政府的痛点，充分挖掘政府的诉求，快速集聚优势资源帮助政府解决问题，所以深度关系是问题解决型关系，而非浅层交情式关系。以解决问题促友谊，以感情友谊助事业，才能建立长期持续的深层关系，帮助投资在长线运营中取得成功。深度关系与合作思维的根本目的是服务于长线投资，短平快的政府业务模式将越来越难以生存，只有长线才是金。

盈利开发与风险管理

金融公司在与政府合作的过程中必须深入思考盈利点。所有企业行为的目的都是盈利，让市场来运作政府的项目，就必须解决市场主体的盈利问题，在这种过程中有个重要的环节是短期盈利点与长期盈利点的平衡。在资本不断膨胀的市场中，盈利的方式不仅仅是经营利润，还包括投资利润和资产升值在未来出售时所产生的利润，所以平衡短期利润和长期利润、做好项目的盈利管理和现金流管理十分重要。与政府合作项目的风险管理是另一件十分重要的工作，大项目的周期长，不确定性因素多，很多项目失败的根本原因是对未来的风险估计不足，未能提前准备好应急方案。未雨绸缪，才能保证项目长期良性运营，实现预期收益。

2017年6月6日

王石离开的背后：地产江湖新时代

地产界的大佬王石终于完美谢幕，离开背后的新时代已经开启：战场狼烟绚丽争艳；各类业态混战江湖；各位大佬尽显神通；房子是用来住的。

地产界的大佬王石终于离开了，在一番江湖争斗后，完美谢幕！王石遇上了房地产狂飙发展的好时代，毫不夸张地说，房地产已经成为最能触动中国人敏感神经的生命线。王石所带领的万科一直是这条生命线上最强力的建造者，所以成就卓著，地位超然，但每个事物都有一定的生命周期，更新换代是必然。房地产的下半场将是一种什么样的状态？是白银十年还是烂铜十年？那些已经手握千亿财富的地产大佬将何去何从？巨额的资本、巨大的商机、巨大的财富搅动着地产江湖，新时代的战场已经再度拉开。

战场狼烟绚丽争艳

江湖争斗一定是为了地盘，最肥美的土地也必是最激烈的纷争之地，一线、二线城市与三线、四线城市的螺旋式上升，带动地产商不断地变换战场。房地产的原材料是土地，不同城市在其发展过程中，土地的供应规模、人口的增长数量与经济收入的质量共同决定了房地产行业的战斗规模。城市的发展增强了其对房地产商的吸引力，房地产商的内战推高了城市的竞争力。在新的时代，地产江湖争斗不止，长三角、珠三角、京津冀、十大城市群都已成为房地产商释放魅力的舞台。

各类业态混战江湖

住宅地产成就了万科，商业地产成就了万达，产业地产华夏幸福独树一帜，旅游地产和养老地产已广受关注，影视地产和体育地产崭露头角。每一种业态的地产必将成就一到两家顶级的房地产公司，业态的丰富加剧了土地市场的争夺，不同的业态也裂变出新的机会。这些机会引导着地产商不断提升自己的能力，迎合着时代赋予人们的多元化需求。江湖不再仅有刀剑，各类奇门兵器必将粉墨登场，江湖混战将愈演愈烈。

各位大佬尽显神通

通过房地产实现成就的第一批大佬们，已经把目光转向新的舞台。恒大在抛扔"粮、米、油"后，坚定地选择了金融世界，手握多家上市公司的"恒大"系已经成为资本市场的一股势力；万达全面拥抱文旅，控制院线，发力乐园，文旅帮助万达逐步实现转型；融创在多家地产并购失败后，入主乐视，结局未知；绿城转战蓝城，万亿特色小镇的号角已经吹响。相对于仍然战斗在房地产一线的大佬，另一部分地产大佬已经进入退休状态，频频发声转身变为意见领袖。总之，房地产大佬的生活仍然精彩，登山和红烧肉已成另一种境界。

房子是用来住的

房子的世界正在改变，房子是用来住的，世界必须回归本源。混战的江湖还是尽早散了吧，但蓄足内力的高手们已经箭在弦上，不得不发，江湖争斗不死不休。想让房市停下来，那些注定炸飞市场的炮弹只能转移战场。除了房市只有股市，但如今，股市也是千疮百孔，唯有求助时间，让时间停止，用时间换空间，忍过弹药的保质期，期待风平浪静。

2017年6月21日

和野放茶人高定石一起喝茶

　　有幸与台湾知名的野放茶人高定石一起喝茶，听高老师聊他的生活，谈人生的"清、静、定、慢"。在不知不觉中，我打开心扉吐露近期的困惑，最后一起讨论文化与商业。

"晚上和高老师一起喝茶，体会一下泡茶界的爱马仕。"最近刚认识的好朋友海棠给了我一条微信。海棠在做一档文艺类的节目《看道》，其中有一期是专访台湾知名的野放茶人高定石，一位专注二十年只做好茶的禅人。见到高老师时，他正在与友人聊天，沉稳坚定的神情给我留下了很深的印象。"你是个有想法的人"是我给他留下的印象，当远处的大师近在咫尺时，发现同一个空间下的我和他，心也近了许多。当海棠与另一位友人到达后，我们一起走进茶的世界。

听高老师聊他的生活

"我的茶就是我的生活。""我的生活很简单，在山上和台北的家里，去给妈妈拿药，到食养山房和炳辉大哥一起喝茶。""我一开始做茶时，很多人认为我一定会失败，我就是坚持，做我自己。""现在我有很多改变，几年前你见我，很难听到我讲这么多话。"这些话好像还在我耳边回响。听高老师说话像喝他的茶，慢慢地，很有画面感。听他讲茶的故事，讲他与众不同的低温泡茶，讲喝他的茶不会晚上睡不着，喝他的茶会让你放松下来，喝他的茶不会马上续杯，为的是让茶与人彼此留白。第一次见面，高老师会轻松地分享他与家人的相处之道。他的茶大都以家人的名字命名，家和茶都是他真实的生活。

谈人生的清、静、定、慢

在聊生活时，不知不觉地会进入思考的阶段。与他交流，其实就是在与一位哲人对话。他会分享他的经验，他会经常重复一句禅语："放下，向前走。"他不认为自己已经成功了，他还在坚持，不断地向前走。"清、静、定、慢"是他不断重复的四个字，他的人生就是不断诠释这四个字，他做干净的茶，守静定的心，把"慢"的状态发挥到极致。这种状态很像瑜伽的"Samadhi"境界，心灵的集中与禅定让人的心真正自由起来。听高老师谈人生，如品他的茶，可以不断地续杯，可以一直喝到天明，因为"慢"，茶的滋味持续不减。人生如茶，细水长流。

吐我的困惑

茶香与哲言让人如沐春风，人完全放松下来，心也不断打开。那个狭小的茶空间已经成为高老师的道场，禅的气息曼延开来，那种静定穿透人心，不知不觉中我开始内观自己的心，近日的困惑脱口而出。做金融总感觉飘来飘去，不断地变换跑道，感觉自己的人生没有定性，很想找到一个方向持续稳定地做下去，希望像高老师一样去坚守十年，找到一个一直为之努力的事业。通过与高老师的交流，通过内观自省，我发现自己最大的担忧其实是对未来的担忧。随着年龄的增长，曾经令人兴奋的四处游历变为随风而变的漂泊，对稳定更加看重。也许当面对城市工作的巨大压力时，我们真的应该放下再向前走。

论文化与商业

当我尝试放下再向前走时，发现思绪变得更加开阔了，与高老师和友人们的对话也走向了更深的阶段。我们把品茶上升到文化的内涵，泡茶界的"爱马仕"应该是个高端奢侈品的品牌形象，如何把高端产品的形象与商业完美结合是个有趣的话题。高老师并不排斥商业这个敏感话题，也认为它们可以相辅相成，在这个过程中必须专业化。我们一起讨论了经纪人制度在这个领域的应用，让经纪人负责商业部分，让艺术家专注文化。好的文化产品可以抚慰心灵，也应该收获相应的商业价值，利用商业回报可以扩大文化的影响力，让更多的人可以享受高品质的文化，让文化与商业融入我们的生活、服务我们的生活。

2017年7月4日

金融的『资源整合』是什么情况

资源整合是在金融圈内经常听到的词，"什么是金融资源""怎么开拓金融资源""怎么整合金融资源"是我们将要探究的问题。

在金融圈混经常听到有人大谈"资源"："我手中有很多资源""我们可以资源对接一下""金融就是资源整合"……这些声音都在强调资源的重要性。很多经济学者说我们专门研究资源如何优化配置，很多金融界人士说我们就是利用资金融通优化配置资源，资源成为他们口中的利器。掌握资源者俯瞰金融，运用资源撬开金融财富之门，金融圈开始为资源奔走。那么到底"什么是金融资源""怎么开拓金融资源""怎么整合金融资源"，让我们来深入探究一下。

什么是金融资源

当你身处金融一线时，真正有价值的金融资源有三类：一是信息。金融业务中的资金需求方与供给方之间的信息极不对称，准确了解项目方和资金方的真实信息，正确评估资金需求与风控措施，都涉及对信息的分析与判断，将信息处理和加工后传递给相应的对方，可以加速业务推进的效率，提高成功的概率。二是审批权。每个项目或资金的处理一定会涉及权限的问题，所谓的资源正是那些可以有相应审批权限的个体。有时一个项目或资金的审批非一个人掌握，可能是程序化的多部门多个体审批，此时资源是能够把每个审批节点都能顺利处理的人。三是信任。金融业务伴随着风险管理，所以金融圈最稀缺的资源不是资金，更不是项目，而是信任。没有信任，你的业务成本会直线上升；没有信任，很多业务根本就没有合作的可能；没有信任，所有的业务都仅是水中月。

怎么开拓金融资源

根据金融资源的类型，金融人必须制订相应的开拓计划，有序地聚集丰富的资源。一是专业化，广泛阅读收集信息。金融人要不断提升自己的信息分析技术与能力，快速有效地寻找到有价值的信息，建立信息筛选、对接、深度沟通的流程与应对机制，让个人与团队可以持续不断地获取最新的金融信息资源。二是规模化和品质化。金融圈是以实力说话的，实力建立在一定的规模上，没有足够的体量就没有话语权，更进不了高级审批权的圈子；另一种迂回的方法是从高品质入手，高级审批权的个体一般都享有高品质的生活，从这点切入是个非正式的辅助办法。三是职业化。金融世界纷繁复杂，有些人只为曾经拥有，不求天长地久，这种状态难以成就事业。让合作伙伴信任的前提条件是必须成为靠谱的人，这要求必须有职业精神，做人做事要求不吹嘘、有底线、高格局。

如何整合好金融资源

金融资源只是金融行业的原材料，最终成绩的好坏取决于金融操盘人的加工能力。一是做好金融撮合业务，优化规模、期限、风险的配置。金融在一定程度上是把小资金汇成大资金，进行大投资，实现大收益，所以小资金到大资金的汇集过程是金融资源整合的第一步，把大资金投资到未来能产生收益的项目是第二步。期限错配是金融资源整合的另一内容。随着项目的生命周期越来越短，期限错配的空间也越来越大，前部分成功者沉淀的冗余资金和新投资机会的资金需求是期限错配的一种体现。另外，运用金融工具平衡不同风险的偏好也是金融资源整合的内容之一。二是利益的规划与分配者，开发线上线下模式，建立长期合规的业务体系。金融是风险管理和业务创新的综合体，没有业务创新就没有利润空间，但新的利润空间对应的是新的风险。高抛低吸和风险转嫁是金融的基本手法，但价值创造才是长线业务的基础；所以整合金融资源必须与价值创造紧密结合起来，在做大蛋糕的基础上，让所有参与者根据价值创造的贡献分享收益。

2017年7月20日

文旅项目
该落地何处

文旅项目综合度非常高，它的特点是投资量大、投资回收期长、重运营和资本运作。开拓初期必须对项目的定位、运营和资本设计有清晰的认识与选择。文旅项目的落地处是整个项目工作的起点，在实践中必须考虑到便利性、吸引力、性价比和配合性。

看了两年的文旅项目，走过了中国遥远的西部边疆、土地肥沃的东北、自然环境优美的川渝地区，最终我们还是决定把重心放在经济发达的长三角地区和附近的赣湘鄂地区。这样的选择是实践后的抉择，与我们自身对长三角的熟悉度有关，也与交通的便利性有关，与经济的基础条件有关，还与自然条件的充沛性有关。文旅项目综合度非常高，它的特点是投资量大、投资回收期长、重运营和资本运作，所以项目开拓初期对项目的定位、运营和资本设计必须有清晰的认识与选择。文旅项目的落地处是整个项目工作的起点，如何开启这个好头是我们将要探讨的主要内容。

便利性

区位是文旅项目成功的基础。国内成功的文旅项目除了一些声名卓著的风景名胜区外，大都集中在一线、二线城市及其周边区域，比如华侨城、乌镇等。好的区位实际上是为了方便旅客到达。除了小众的背包客和资深驴友喜欢未开辟的原始景区，大部分的游客还是会选择易于到达的区域，日渐成熟的自驾游对道路与停车的要求更高。除了交通上的便利性，信息的便利性是未来需要关注的另一重点。移动互联网的发达，让游客通过手机方便了解、选择与参与文旅项目是未来的另一战场，所以文旅项目在移动互联网上落地处的便利性也是必须重点解决的问题。

吸引力

营销的高境界一定不是向用户强力推销，而是吸引用户主动关注。解决吸引问题的法则是高水平的内容，打造高水平的内容需要高水平的团队和独特的资源禀赋。好的文旅项目必须在一开始就包含独特的自然环境、独特的文化或独特的产业，在独特资源条件上充分挖掘独特基因的市场价值，把科技与创意注入独特资源，让它们形成独树一帜的文旅品牌。这种独特的文旅品牌可能需要融合三产综合发展，必须强调的是三产才是文旅项目成功的核心，所以高水平的团队才是关键，真正有吸引力的东西一定是由一流的人才做出来的。

性价比

走过那么多地方，看过很多已经在运营的文旅项目，其中有两个很接地气的农村旅游项目给我留下了很深的印象：一个是重庆合川的嘉隆西海，另一个是江西樟树皂山镇的农业旅游。两个项目都是由两位基层企业家靠强执行力新建的，门票收费很低。二位企业家不断地增加内容，主要服务周边的家庭游，景区内采摘、亲子、游乐、观光、烧烤、餐饮内容丰富立体。两位企业家的经营思路一致，用低价把周围的人吸引过来，提供相匹配的消费内容，没有高大上，只有性价比。现在大部分文旅项目都在深挖文化内涵，打造高端旅游项目，大谈休闲度假，那么如何回归市场定位，到底项目准备服务哪个细分市场，细分市场人群有什么特征，规模有多大，消费能力有多强，性价比是否合适，都需要深入研究。当吸引人眼球的一线成功旅游项目成为标杆时，三线、四线的文旅项目是否还有存活的空间？普通居民的休闲旅游市场是否能够长期存活？短平快、小而精、高性价比的文旅项目能否有机会？答案是肯定的，因为有性价比。大投入的文旅项目如何实现高性价比必将成为急需解决的关键问题。

配合性

文旅项目离不开政府的支持，也离不开企业的市场运作，所以政府与企业之间的配合性决定了文旅项目的成败。在实操过程中，企业与政府之间的信息是不对称的，企业与政府的诉求、与政府各级官员的诉求也是不一致的，企业内部的投资方和运营方之间目标也有一定的差异，所以一个成功的文旅项目涉及多主体多方面的配合。作为文旅项目的优秀操盘手，其首要任务是设计与平衡相关主体的利益诉求，确保各方积极有效地推进项目合作，并最终实现项目的良性运营。项目的良性运营能够给地方带来优质项目，给投资方带来稳定优质的回报，给相关领导带来成功业绩，给游客带来超值优品的体验。

2017年8月9日

全域旅游的业务逻辑

政府与市场两个层面都在积极推进全域旅游，在落地过程中必须把握全域旅游的四个业务逻辑：市场（政府的诉求）、产品（丰富的产品线）、资本（项目的成功保证）、价值（项目的核心竞争力）。

2015年8月，李金早局长正式从国家旅游局层面首次明确提出全面推动全域旅游的发展；2017年3月，"全域旅游"首次写入政府工作报告。政府层面在习总书记"青山绿水"发展战略的指引下积极推进全域旅游，市场层面在大环境的吸引下苦思全域旅游的商业模式。2017年8月，首个全域旅游项目由东方园林操盘正式落户腾冲，政府与市场共同迎来全域旅游的新时代。全域旅游将在全国遍地开花，将改变很多人的生活环境，将牵引各地的产业升级，先知先觉的地区将在这轮新的升级中迎来发展的新机遇。

市场：政府的诉求

全域旅游是个B端产品，其目标客户是各级政府。开拓这样的市场，首先必须梳理各级政府的需求。政府的工作重点是经济与民生，目前阶段的重点是经济升级转型和消除贫困、改善民生，全域旅游正好是解决这两个问题的有力抓手。全域旅游是复合型产业，是一二三产业的联动和融合，将帮助传统的农业和现代化工业向第三产业转型，"未来社会将全是服务业"已是一种不可阻挡的趋势。全域旅游带来新的创新创意，将全面助力各地的经济升级转型。作为民生产业，一方面，全域旅游可以大力改善居民的生活环境，把环保与绿色的理念、新兴产业的发展结合起来，让理念更深入人心；另一方面，全域旅游将全面提高当地就业，全面提升当地居民的收入水平。

产品：丰富的产品线

全域旅游是个战略方向，是个大的概念，当与市场结合时，企业必须研制出符合市场需求的产品线。旅游产业协同聚集区、旅游风景道、旅游示范区、旅游场域、旅游核心吸引物等构成丰富立体的产品线，其中旅游产业协同聚集区和风景道可以满足省级政府的需求。作为一种顶层设计，全域旅游产品线可以从宏观战略角度优化省内的旅游资源配置，充分发挥各地的差别化优势，避免未来省内旅游产品出现过度的同质，造成资源的浪费。旅游场域和旅游核心吸引物是针对各区县推出的产品线，具体而实际，可操作性强，可以帮助区县范围的全域旅游落地实操，帮助区县级政府真正改善旅游的品质，赢得旅游市场的真正认可。

资本：项目的成功保证

全域旅游的落地离不开资金的支持。由于全域旅游混合了公共产品和市场化产品的特性，在解决资金问题前，必须首先梳理好全域旅游的公共品项目和市场化项目，让财政资金解决公共品投资，用市场资金投资市场化项目，实现市场化收益。由于全域旅游的投资量大，回收周期长，资金的运作与管理将成为全域旅游项目成功与否的关键。运用综合金融手段，充分发挥债权融资与股权融资的优点，将有利于全域旅游项目的成功，稳健安全的现金流管理能保证项目的长期运营。全域旅游可以看作是产融互动时代的典范，资本运作必须提高到战略层面，它是全域旅游成功的最重要保证之一。

价值：项目的核心竞争力

全域旅游不是一个空中构想，是必须成功落地的实务。挖掘并发挥全域旅游项目的价值，才是全域旅游真正的成功之道。能够创造出其他产品不同的价值是项目的核心竞争力所在，每个全域旅游项目必须设计出可推行的具体内容：生态治理、城市的主题风貌、独特的集散中心、赏心悦目的水陆串联线及画龙点睛的核心吸引物。这些内容中最核心的竞争力是独特的文化创意，结合当地传统与潮流文化，打造真正吸引游客的精神产品，让游客获得愉悦和感悟。全域旅游必须做成一个增量市场，各个参与主体共同分享价值增长的大蛋糕，共享多赢、创造价值的理念必须贯穿全域旅游发展的全过程。

2017年10月2日

文旅项目拓展的业务体系

　　文旅项目投资的竞争越来越激烈，可以从四个方面打造极具战力的体系，完成业务拓展：一把尖刀（业务营销）、一手好牌（资源整合）、立体式进攻（海陆空集群）、压迫式打法（快速持续）。

"国庆长假拥堵挤，卧榻惬意玩手机"是最近两天很多人的两种状态，躺在家里的人心里还是有强烈的郊游梦，只是可供选择清静放松的休闲处太少了，所以文旅项目投资未来几年的空间仍然巨大。当下，祖国各地也掀起了热烈的文旅投资潮，相关企业也积极杀入这片蓝海市场。一时间资源整合者、工程实干者、运营创意者等纷纷跨界转型，齐聚文旅共论剑，文旅投资的竞争也越来越激烈。如何在这样的竞争中脱颖而出，打造极具战斗力的业务体系，成为各家进入的企业必须思考并解决的问题。

一把尖刀：业务营销

当你面对一桌盛宴时，如何开动第一刀是关键。对于文旅项目投资拓展来说，业务营销最重要。业务营销拓展有三个方面是需要注意的：一是传递理念与价值观。文旅项目合作是个长期的合作关系，一般一个项目的开拓期为6—7个月，后续的建设期为2—3年，经营期将更长，有别于传统的销售业务，与客户建立长期合作的能力变得十分关键。只有理念与价值观达成共识，合作双方才能走得更远。二是形成适合自己的业务风格。不同的人做业务会形成不同的风格，任何人不可能吃遍天下的生意，选择适合自己风格的生意模式，懂得取舍才能懂得进退，才能走得更远。三是营销比推销更重要。积极主动永远比被动更有力，让客户积极主动的原因是你吸引了他，而非你不停地向他推销，所以营销比推销更有力。好的业务营销就是一把尖刀，能帮助企业快速有力地切开新的文旅市场。

一手好牌：资源整合

文旅项目的复杂度非常高，"食住行游购娱、商养学闲情奇"

十二要素对新的文旅项目提出了更高的要求。术业有专攻，让专业的人做专业的事，把专业的人统一到某个文旅项目上来，需要企业有极强的资源整合能力，这种整合包括内部整合和外部整合，所以开放的心态和合作的精神非常重要。排列组合的能力是基础，资源整合能否成功的另一关键是创新共赢。让资源方参与进来，共创增量而非分割存量是关键。当相关资源拧成一股绳、把一手好牌展现给客户时，客户必然被征服；另一方面，一手好牌也可以形成进入壁垒，阻挡其他竞争对手的进入，甚至可以成为核心竞争力，有利于长期开拓业务。

立体式进攻：海陆空集群

文旅项目的链条很长且功能多样，在合作过程中可能会与多个层级多个部门打交道，打造立体式进攻体系成为必要，对高层决策要用"空军"，对中层要用"海军"，对基层要组织"陆军"。与每个层面的沟通都必须换位思考，"点线面"正好与区域开拓的空间相对应。与高层沟通重在思想，重在战略规划，重在谋划全局，"空军"站得高看得远有利于整体开拓；中层承上启下，每条河流都是战场，中型城市必然有水，流动的水自然会形成线，"海军"可以充分发挥所长；基层重在执行，重在落实，文旅项目的具体落脚点在区县，庞大的区县数量必须由"陆军"组织拉网式进攻，细致排查资源，结合个性化文化特点，形成差异化业务方案，把每个点都点亮起来。"点线面"并不是固定不变的，每个点也是一个面，每个面也是一个点，这取决于战略高度。不管是哪个点或面，立体式进攻都是必要的，攻下每个点，连成线，组成面，把红旗插上每个山头，取得最终的胜利。

压迫式打法：快速持续

进攻是种战略态势，离不开战术的配合。现在文旅投资已经在全国全面铺开，慢节奏的方式肯定不能满足业务拓展的需要，压迫式打法更适合现在的环境。压迫式打法可以从四个方面展开：一是充足的兵力。围攻兵力需要敌之五倍，组建最强的三人特种小组是可行的办法，三三制的小队加指挥官一共十人。有了充足的人手才能有丰富的人才组合，才能有丰富的打法，才能充分发挥团队的威力。二是精良的武器。业务开拓时离不开公司成熟的产品线，产品线就是业务人员的武器，好的产品线可以快速攻下堡垒。三是坚定的决心。业务是为结果服务的，业务的最终目标是完成订单，坚定地完成订单，提供好的产品与服务，才能实现成功。四是顽强的意志。业务开拓不可能一帆风顺，遇到困难时，必须迎难而上，顽强地克服困难，坚持到最后就是胜利。

2017年10月3日

鹰的文化
价值体系

　　随着时代的发展，在以创新创意为主导的环境土壤上，企业与团队需要新的文化体系重塑经营战略，重建价值图腾。鹰的企业文化体系可以满足新时代的需要：高（格局高）、远（目标远）、狠（出手狠）、准（成果准）。

我在高中时读了《日本的企业文化》并深受启发，高考填报的专业全是企业管理与市场营销。后来有幸从事了一段管理咨询的工作，接触了许多优秀企业，与很多企业家交流企业文化的感悟，收获良多。自己从事管理工作后，也一直在强调企业文化和团队文化。近年来，中国市场广受推崇的文化是华为的狼性文化。企业文化不是一成不变的，随着时代的发展，企业的经营环境和员工的思想习惯都发生了巨大的改变。在新的创新创意为主导的环境土壤上，需要新的企业文化体系，帮助企业重塑经营战略，重建价值图腾。结合个人的实践与思考，我将推出新的企业文化体系——鹰的文化。

高——格局高

老鹰在天上飞，而且比一般的鸟飞得更高，飞得高就能看得远。企业与团队如果想走得更远，必须有高的格局：一是合作开放的心态。现在的企业与市场竞争越来越激烈，单打独斗不可能在市场上活下来，合作是未来的主旋律，想合作就必须有开放的心态。二是团结协作的理念。团结协作是为了各展所长，优势互补。一支球队的成功离不开前锋、中场、后卫、门将、教练、后勤等多个角色的协作，团结协作才能形成战斗力。三是利益共享的精神。抱团的目的是为了取暖，利益共享是个非常复杂的难题，涉及分配的公平与效率，但分享的精神是前提，没有共享，团队不可能走得更远。四是共创增量，尊重存量。合作是为了创造新价值而不是为了掠夺合作伙伴的存量，只有把精力放在创造新价值上，并且形成习惯，才能聚集更多的资源，成就更大的事业。

远——目标远

所有优秀的企业都不以赚钱为最终目的，企业与团队存在的价值决不仅仅是为了赚钱，远大的目标才能指引企业与团队走得更远。首先，优秀的企业与团队必须有情怀与梦想。我们选择文旅作为自己的事业，我们的使命就是"打造一片快乐健康的旅游目的地"，所有的工作必须围绕这个使命展开。其次，企业与团队必须构建共同合理的价值观。长期相处的团队最终会形成共同的"三观"，并且坚守"三观"，不断扩大团队，并把"三观"贯穿始终，形成同一种思想共同服务于远大的目标。最后，远大的目标必须协调好长短期目标。每个远大的目标都是由每个阶段性目标和每个具体目标构成的，切忌空谈远大目标，没有具体目标。情怀梦想加脚踏实地才能实现远大的目标。

狠——出手狠

思想与理念是用来指导实践的，在实践中出手必须快而狠。为此，可以从三个方面展开：一是快速反应。市场信息快速多变，战机稍纵即逝，一线先锋部队必须快速收集各类信息，快速决策，快速反应。局部战斗单位将以小而精为主要特点，服务于这种战术，三人小组的战术定位为战略+执行+支持或商务+事务+后勤。三人小组不能变成教条，特殊时期一个人也可以同时承担三个人的职能。二是拼搏精神。所有的战略要素中必须强化人的作用，人的精神是战胜困难的法宝，乐观的拼搏精神最终必然会感动身边的所有人，商务合作将水到渠成。拼搏的目的是实现自我，超越自我。三是顽强毅力。困难是商务存在的价值，工作就是为了解决问题。矛盾与问题无处不在，顽强地顶住压力，风雨后必见彩虹。

准——成果准

老鹰在空中飞行是为了觅食，如果飞得高看得远，不断地俯冲，却颗粒无获，最终只能饥寒交迫，所以鹰的非凡在于成果卓著。企业与团队文化必须强调成果为王。成果是生存的基础，成果也是工作的指向灯，成果是评价工作的最终标准，成果是晋级的指示牌。团队的所有人必须时刻强调成果意识，在商业丛林中通过血战取得成果的人必然会有更高的成就。想要"成果准"必须强化两方面的意识：一方面，落地是关键。落地是由每一个电话、每一次沟通、每一次拜访、每一次方案和每一个协议组成的。注重细节是成功的关键，落地由每个细节组成，团队就是分解细节、处理细节、组合细节的单位，当每个细节成功落地时，成果将接踵而至。另一方面，务实是重点。务虚与务实是工作的两面，缺一不可；但作为市场化的企业团队，务实才能做成正确的事，最终获得想要的成果。

2017年10月5日

文旅投资：山好水好比不过人好

　　一次朗溪的项目考察之旅，让我认识到在文旅项目投资过程中人的因素远大于山水自然因素，山好水好都比不上人好。从资源角度对文旅项目分析后发现，人的重要性无以替代，在人的要素中，职业度、专业度和友善度对文旅项目成功的帮助更大。

　　做文旅投资很幸福，可以到处游山玩水。走遍山山水水之后，真正给你留下深刻印象的是那里的人。前段时间有幸去了皖南一座名叫朗溪的小城，那是我近期最愉快的一段旅程。三天时间在那里交了很多开心的朋友，那段时间的笑声一直萦绕在我的耳畔，难以忘怀。他们职业的精神和生活的态度让我受益良多，从他们身上我看到了朗溪的品质，感受到了朗溪的热情。我告诉自己一定要再回朗溪，做点力所能及的事，让自己能有更多的机会和那里的朋友相处，让自己更好地了解那里的人。当回顾这段经历时，我发现在文旅投资的世界里，人的因素远大于山水等自然因素，山好水好都比不上人好。

从资源角度分析

　　一个地方的文旅资源一般可以分为三类：自然资源、文化资源、人文资源。自然资源是指上天赐予的独特的地形地貌，比如三山五岳和江河湖泊。在旅游的第一阶段，观光游是主要消费类型，自然资源丰富的地方是首选。随着旅游需求的升级，良好的自然生态成为旅游的基础设施。文化资源是指历史、艺术、名人名家等资源，可挖掘潜力巨大。文化是最有渗透力的，旅游者来到一个城市通过文化资源与历史对话，领略独特的艺术，可以深入到心灵层面进行交流学习。随着旅游者素质的提高，文化资源将越来越重要。人文资源主要指现在状态下城市的人文环境，包括城市管理者和居民对旅游的重视度、城市的人文风貌和民风。随着休闲度假的兴起，让旅游者在城市小住一段时间成为旅游城市的目标。旅游者在这段时间的体验主要源于与当地人的相处，人文资源成为休闲度假市场最重要的资源禀赋。

职业度是基础

做文旅必然要与全国各地的旅行者打交道，未来甚至会为全球各地的旅行者服务，所以人好首先是职业度好。职业素养是一个人在工作过程中的综合表现，主要表现为仪表、气质、谈吐、态度、执行和合作。好的仪表和气质会让人如沐春风，是文旅投资者来到这个城市的第一印象。当然，文旅投资者也应该给这座城市留下好的印象。谈吐和态度是第二层印象。文旅投资是第三产业投资，对人的综合素质要求很高，你的谈吐和态度决定了未来所投项目的气质与高度。执行和合作是第三层面的印象，它决定了双方未来合作的深度。文旅项目的周期很长，长期合作的质量由双方做事的质量决定，愉快且更深层次的合作才是双赢的结束。

专业度是关键

职业度提升了合作的意愿，专业度强化了合作的深度。文旅项目的专业度可以由三个方面来观察：文旅发展的理念，文旅发展的布局，文旅项目的经营。文旅发展的理念体现了双方对文旅产业的理解。文旅产业在当前的环境中，已经不仅仅是个产业概念，已经成为每个地区发展的基础设施的一部分。交通、水、电、气是传统的基础设施，随着全国向小康社会迈进，绿色环保的环境已经成为新的基础设施，所以很多地区都已经把文旅作为战略支柱产业来发展，与国家新的发展战略相吻合。文旅发展的布局是城市发展新的规划内容，全域旅游是2015年国家提出的新旅游战略，每个省每个市每个区县都可以成为一个全域旅游的实体，未来展现给旅游者的不是一个单一景区，而是一片旅游区域。旅行也不是到一个景点看完就走，而是到一片区域停下来，休息一段时间，调整身心，寻找新的自己。文旅项目的经营是帮助区域算好账，每个项目的投资效率必须达到市场回报率的要求，不能打着环保绿色的旗号，浪费社会投资资源。项目在策划初期就必须导入经营意识，确保项目未来良性健康运营。

友善度是核心

文旅项目长期运营的特点要求项目必须拥有善意，这种善意将体现在很多方面。管理的本质是激发善良，善良将是最大的财富，带着善意做文旅才能聚合更好的资源。首先，项目的初衷必须有善意。文旅项目立项是为了让项目周边更绿色更环保，服务城市新的经济转型与产业升级。其次，项目规划必须有善意。文旅项目往往会涉及对山川河流和历史文化的保护，应尊重人类的遗产，尊重民风民俗，让项目更好地服务于当地经济发展。再次，项目的建设必须有善意。项目建设应充分就地取材，挖掘当地特色，建设一个极富个性的旅游精品，让项目能经受时间的洗礼，成为一件有灵魂的作品。另外，项目的投融资必须有善意，决不能让文旅项目变成烂尾项目。最后，项目的运营必须有善意。一方面要让项目有效运营；另一方面项目必须回馈当地居民，让项目成为大家都满意的作品。

2017年10月6日

钱是估出来的，不是赚来的

钱是估出来的，不是赚来的。传统企业的经营方式是赚钱，新时代的经营目标是决胜未来，因为未来风险的不确定性，出现了多样化的估值体系。"赢者通吃"让财富积累变得越来越不均衡，全球货币的超发让资产价格飞涨。每个人必须找准估值飞跃的内容，让估出来的钱帮助实现梦想。

小时候常听说有钱的人叫万元户，后来逐渐听说了百万富翁、千万富翁、亿万富翁。现在一线城市很多人都是千万富翁，不得不感叹经济发展的飞速，也惊讶钱真的越来越不值钱了。在这样的环境下，有些人觉得钱也越来越难挣了，还有些人觉得钱其实太好挣了，几年前还是个穷光蛋，摇身一变就成亿万富翁了。个人如此，一直在市场中打拼的企业也是如此。当下，钱不是赚来的，而是估出来的。

传统的经营目标：赚钱

传统的企业经营方式是制造产品或提供服务，创造收入，减去成本，形成利润。企业的重点是开源节流，不断创新产品和服务，或者压缩成本，让利润最大化，所以企业越来越规模化。随着竞争的加剧，企业短期赢利的方式很容易被市场掌握，价格战成为不可避免的竞争方式，结果是一部分企业赚钱越来越难。现在一些实体经济效益下滑正是这样的场景，传统的经营方式越来越难以生存，传统的企业必须转变赚钱模式，适应新时代新变化。

新时代的经营目标：决胜未来

新的经营方式不再把眼光放在短期的赢利上，而是放眼未来，但未来的风险很大，传统的投资方式根本无法抵御这样的风险；所以金融成为新企业发展的支柱性工具，让更多的投资来分散风险，大家一起决胜未来，资金也开始接受并追逐这样的方式。投资成功了，收益远超过传统的投资方式，所以有些企业发现钱还是很好赚的。随着科技的快速发展，很多产品的生命周期变得很短，对全新领域的探索与创新，成为现代企业的主要工作。企业赢利的方式已经发生了根本的转变，未来成为企业的新战场。

估值手段的多样性：赢者通吃

由于未来太远，而且短期根本无法赢利，对企业创新项目或者创新公司的估值手段变得十分多样。以现在比较成熟的互联网企业估值为例，大部分是以用户量来估值的。有些科技创新企业还没有用户，只好找国际成熟的对标企业进行估值。对于生物科技或其他科技型企业的估值方式，更是五花八门。总之，只要投资人认可，新的价值体系就会出现。这些估值是因为科技创新的竞争更激烈，完全是赢者通吃的模式，所有的投资将在未来实现。

全球货币助燃：资产价格飞涨

随着科技和经济的发展，传统企业与现代企业的背景也发生了根本的改变。传统企业时期，经济的规模总量还比较有限，资金有很多的限制。随着电子货币和数据货币的发展，人类的货币超发已经变得不可阻挡。全球的资产价格飞涨，局部资产价涨得不均衡，带来了财富积累的超不均衡：努力工作实现财富快速增长的难度越来越大，而资产估值的变换可以在一夜间让你的财富增值数倍，最直观的例子是IPO前后企业家的财富身价。所以在新的时代背景下，每个人必须找准估值飞跃的内容，让估出来的钱帮助实现梦想。

2017年10月22日

工业旅游：文旅投资新的增长点

"旅游+"正在不断拓展新的领域。当旅游与传统的工业生产结合在一起时，工业旅游成为一个新的业态呈现在市场面前。工业旅游可以打造出一个生产、生态和生活融合的美丽社区，创新出定制化生产的新模式，服务于带着思考去旅行的人，提供浸入式互动的新体验。

提到旅游，很多人首先想到的是名山大川和江河湖泊，其实那只是观光游时代的产品。从观光到休闲度假再到猎奇探险，人们对旅游的需求正在不断改变传统的产业，"旅游+"正在不断拓展新的领域，旅游的思维也正在改变各行各业的存在方式。当旅游与传统的工业生产结合在一起时，工业旅游成为一个新的业态呈现在市场面前。作为一个新生事物，能否找到自己的生存空间，能否有持久的生命力，是我们急需探索并解决的问题。

工业旅游：生产、生态和生活融合的美丽社区

现在国内的工业大都集中在经济开发区或者产业园。随着产业转型与消费升级，传统制造业不断集中走向规模化，没有巨头支撑的开发区和产业园必然走向衰落，改变这种格局的办法是用新的理念来改造它们。党的十九大提出了"美丽中国"的口号，开发区和产业园可以转型升级为一个融合生产、生态和生活的美丽社区，可重新定义工业生产，把创新创意加入到工业生产中，突出个性化和差异化，帮助传统产业重新焕发生机，把产业园打造成生态园，引入生活元素，绘出更美的蓝图。

工业旅游：定制化生产的新模式

工业旅游的核心是真正转变传统模式，开辟出一片新蓝海。消费升级的结果必然是需求的多样性，定制化生产模式会重回历史舞台，百花齐发、百家争鸣的时代会再次来临。工业旅游的定制化是旅游者作为独特的个体来到新式的工厂，伴随着旅游的心态，重新发现自己，在新的时空下获得一次全新的感受与体验。此时的工业企业已经不是传统的第二产业，而是运用创新创意制造服务体验的高端第三产业。

工业旅游：带着思考去旅行

工业旅游是在服务一群独特的旅游细分市场，客户是一群带着思考去旅行的人，观光和休闲度假已经不能满足他们的需求，他们期待了解更深的世界，所以工业旅游也可以定位为知识旅游。知识是财富，知识是产品，知识也可以呈现思考的过程，把这个过程结合旅游的逻辑就可以创造出一片新市场，让那些带着思考去旅行的人找到理想目的地。最近上线的美剧《西部世界》就是个完美的工业旅游杰作，《西部世界》是机器人产业与旅游的结合，去那里旅行的大部分人是想寻找另一个自己。

工业旅游：浸入式互动的新体验

工业旅游获得成功的关键是能给客户带来浸入式互动的新体验。客户不再是被动接受的个体，他们与企业一起创造出一个独特的作品。客户都是创新创意者，工业企业只是为他们提供了某个方向上必要的设备，成为创新创意的引导者而非主导者，旅游者才是真正的主体。他们需要挖掘自己的潜力，展现新的面孔，表达独特的自己。例如电影工业旅游，每个人都可以选择不同的角色，可以充当制片人、导演、演员、调度等角色，来体验创作带来的快乐。工业旅游是一次自我价值的实现之旅。创造价值是每个人内在的需求，工业旅游正是运用工业科技不断开发并满足旅游者高端自我价值实现的愿望，帮助旅游者成就最好的自己。

2017年10月27日

中国：超万亿新蓝图

美丽中国和健康

美丽中国和健康中国将催生出超万亿市场，催生出多个世界级的企业。企业想在这个领域取得成功必须具备金融思维，打造创新创业的生态，研发极致的产品服务体系，转变为学习型组织。

党的十九大报告中有两个词给我印象最深：美丽中国和健康中国。文旅和健康是我们很早就确立的两大主方向，它们是消费升级转型的必然、全面小康生活的主要内容。13亿多人的文旅和健康必将催生出多个世界级的企业。"方向对了不怕路远"是很多年前我做战略咨询时常说的话，现在我更想加上一句"开出一条到达彼岸的路"。企业是个落地的实体，战略是方向，落地的战术才能保证成功。那么，企业应该如何开拓一条征服超万亿市场的路呢？配上什么样的装备才能快速到达彼岸呢？

金融思维是征服超万亿新市场的核心

美丽中国和健康中国拉动的产业都是高端服务的产业，传统的商品经营和资产经营都很难快速提升这两类企业的发展，资本经营将成为美丽中国和健康中国的核心业务。资本经营是金融业务的核心，是产融互动的最直接工具。高端服务行业的风险远高于普通行业，资本经营就是要匹配风险与收益，充分发挥金融的杠杆功能，实现产业的长期有效发展。美丽中国和健康中国的市场特点决定了必须强化金融思维，用金融的方式做好两大产业，实现两大产业在资本市场的价值地位，运用综合金融工具平衡两大产业发展的资金流，服务好这两个消费升级市场。

创新创意的生态是征服超万亿新市场的基础

传统的经营模式已经无法帮助美丽中国和健康中国两大类企业成长，传统的企业管理结构无法释放出巨大的创造力。两大新兴产业对创新创意的需求极高，人的创新创意能力将成为两大产业的核心资产。传统的企业管理把人归入成本项目而非资产项目，所以以创新创意为主旋律的生态体系成为企业决胜两大市场的基础设施，"协作、创新、开放、共享"的合伙人机制将成为配套设施。每个人都可以成为美丽中国和健康中国的参与者，每个人的智力才是美丽中国和健康中国真正的财富。通过打造创新创意生态体系，企业才能在两大新兴市场的竞争中占有优势地位。

极致的产品服务体系是征服超万亿新市场的关键

所有的商业模式最终都将回归到直面消费者的产品和服务上来，让消费者满意的产品和服务才能最终胜出。美丽中国和健康中国是个巨大的市场，宏观层面已在勾勒相应的产品线——国家公园、旅游风景道、5A级景区等。对于企业所在的微观层面，必须尽快梳理出相应的产品线，配合并充实宏观产品体系。更为紧要的是宏观层面可以粗线条，微观层面必须精细化，因为微观的产品与服务是由市场买单的。市场不是实验室，没有极致的产品与服务无法形成消费黏性，客户来得快走得会更快，企业的品牌形象正负乘数效应都比较大，尤其是文旅和健康产业，完美的用户体验是取胜市场的关键。

学习型组织是征服超万亿新市场的保障

美丽中国和健康中国催生的市场是动态性很强的市场，人们对服务的边际效应下降极快，第一次特别满意的产品，第三次遇见就会变得乏善可陈，所以必须持续创新。持续改进确实是件十分困难的事，要想持续做到，必须把企业变成学习型组织，不断学习，不断革新，不断突破。学习型组织强调层次扁平化、组织信息化、结构开放化，逐渐由从属关系转向工作伙伴关系，要不断学习，不断调整结构关系，摒弃传统的等级权力控制型管理模式。学习型组织对于核心领导集体的综合素质要求更高，专业强、心胸广、态度正的领导最终会引领企业团队一起征服超万亿新市场。

2017年10月28日

管理实践
心得

近一阶段有一些管理工作的新思考和新体会，把它们记录下来与大家一起探讨：管理是信息传递；管理是分解分担压力；管理是有效处理各种矛盾；管理是激发善良、形成作风、创建成果。

管理是件十分有趣的工作，工作中你可能会遇到各种有趣的事，人性在管理中展现出多彩多姿的一面。当你身陷其中时，管理的事务如排山倒海般压过来；当你离身远观，你会发现那一幕幕场景是人生最精彩的剧情，有些情节让人愉悦，有些情节充满了矛盾。好的故事最终一定会回归本源，人性的本源终归是善良与坦诚、积极与拼搏。成就与辉煌是好管理的副产品，好管理就是要优化剧情，最终实现社会与企业、企业与个人的完美统一。

管理是信息传递

管理是对人的行为进行引导和规范的过程，也是信息传递的过程，包括上层的战略意图和公司的资源与竞争优势、中下层的信息反馈与市场痛点的变更。信息传递包括三个方向的内容：一是从上向下的传递。大道至简，一家公司想成为一个凝聚力强的团队，必须有一条从上向下的中轴线，高层的战略规划、顶层设计必须能很好地传递到公司的每个角落，让每个人都有明确清晰的使命。二是从下向上的传递。在一线市场采集的信息是最接地气的，我们能从中找到客户真正的痛点，思考出解决办法，组织资源，帮助客户解决问题，创造出社会价值。三是平行传递。在大公司，部门与部门之间的配合变得十分必要。企业一定是个多资源的组合，无论在任何公司，各个资源部门都有各自的诉求，相互沟通信息、形成合力才能共赢市场。

管理是分解分担压力

企业管理是组织一群人共同服务市场，共面市场挑战。企业的老板或股东必须面对成本与竞争的压力。一家1000人的公司，平均年薪20万，每年的人力成本是2亿，加上各类其他成本和税费，每年如果没有

10亿的毛利，企业都难谈成功。除了成本压力，管理者还必须为企业谋求长期的发展，不断研制新产品，提供新服务。好的企业管理就是理性分解压力，团队抱团取暖才能共渡难关。企业的中层要学会帮助高层分担压力，员工要学会帮助上级领导分担压力，有效地获取成果，用业绩共保企业发展。当然，压力也是双向的，员工在成长过程中也有不同的压力，领导需要客观地体谅员工，适当地帮助员工缓解压力，帮助员工成长。在当今激励竞争的大环境下，每个人都不轻松，一支有效的团队是每个人成长的坚实依靠，所以要共担压力共同成长。

管理是有效处理各种矛盾

有人的地方就有江湖，有江湖就有纷争，管理就是不断地处理各种矛盾。矛盾无处不在，无时不有。企业内部的矛盾除了利益纷争外，一般有三种来源：一是分歧；二是误会；三是尊重。对于利益矛盾，必须树立大的格局，大家一起做大蛋糕才是王道，根据贡献公平公正地分配是长期处理利益矛盾的方法，在具体的项目利益分配上也应该进退有度，共荣共进。面对分歧，一定要求同存异。年轻时常说不和三观不同的人交朋友，实际上和三观不同的人相处才能取长补短。世界很大，每个人行走的方式都不同，最终都能到达彼岸。小误会可能会带来大麻烦，所以管理者需要细心，学会观察细节。细节决定成败，及时沟通可让小误会化于无形。尊重是一种美德，尊重不仅仅是对上级的尊重，也指合理尊重每一个人；尊重是一种财富，会让你获得更多的帮助，推动事业取得成就；尊重是一种修养，优秀的管理者应该成为引领者，用内在的魅力引领团队不断前行。

管理是激发善良、形成作风、创建成果

管理大师德鲁克说："管理就是激发善良。"在善良的状态下，企

业的内外沟通成本可以降到最低。人人相互帮助的状态可能十分理想化，但积极友善的态度确实可以减少企业不必要的内耗。堡垒大多是从内部攻破的，内部的和谐有利于组织的成功。和谐不代表一团和气，企业一定是个战斗团队，必须形成过硬的工作作风，管理必须制定和塑造优良的工作流程和习惯，帮助团队成为一个学习型组织，不断提升团队的能力与水平。好的团队一定是个精神饱满和效率效能双高的自成长组织。需要强调的是工作作风是在工作中形成的，不是在办公室或会议室纸上拟定的，行知合一的工作作风才是真正有效的作风。好的管理过程会形成好的成果，成果导向是现代企业生存的根本。管理者必须时刻提醒团队不要走偏，用结果说话，所有的过程都是为了结果。虽有结果但过程不对，这样的结果可以不要，但好的过程必须以结果为导向，最终用成果注解过程。管理就是为了达成理想的目标在不断前行的过程中协调人与事的配置方式。

2017年11月25日

组织的魔力

组织是个有魔力的地方。本文从组织的创建、成长、进化和破坏四个方面对这种魔力进行了分析，期望可以建立一个健康、高效、和谐的组织。

我分别在10人、20人、50人、200人、2000人和5000人的企业工作过，也接触过1万人、3万人和5万人的大企业，无论大小，它们都有一个共性——都是一个组织。接触过个体户，也干过一段时间个体小生意，最终还是觉得必须加入一个组织。看过一些谍战片，这些片子总会出现一些重复的桥段——我终于找到了组织。组织是一种依靠，加入后你不再孤单，在你最失意时，会有人在你身边鼓励你支持你，在你最成功时，会有人陪你一起欢庆。组织是一种结构，你加入后开始寻找自己的位置，攀登不同的层级。组织也是一种生活，你睡眠外的大部分时间在组织内度过。组织是个有魔力的地方，这样的魔力如何形成与壮大很值得观察与思考。

组织的创建

组织的创建可能源于一个很小的想法，也可能源于远大的梦想，可能为谋生几个人合开一家小店，也可能想改变世界呼唤更多的人加盟。组织的创建离不开一个创始团队，一小群人为了一个共同的目标聚集在一起，为实现这个目标共同奋斗，创始团队的组合对组织的建设十分重要。组织的高度取决于短板的高度，组织成立初期必须采用快速灵活的策略，快速组建队伍，形成优良氛围。除了共同目标，组织必须形成共同文化，找到一群志同道合的人，一开始就强调价值观，形成共同理念。在组织初创阶段，可以容许快进快出，留下能一起打拼的人，剔除不能与组织共同成长的人。

组织的成长

经过一段时间的磨合，组织会形成相对稳定的运作模式和运行机制，实现0到1的突破；然后组织将进入规模扩张期，实现1到N的进步。组织的成长是复杂的，也是简单的，最终还是应回归到人与事，制定一套合理有效的人事制度，谋划更远的战略布局，力推强有力的战术执行。理论上前述三点完备了，组织必然快速成长，但实际上所有的组织都是在资源条件约束的情况下处理这三方面工作的，所以一般不存在理想完美的状态。素质不高的人与要素不足的条件是组织成长中的常态，这就要求我们时刻抓住组织成长的主要矛盾，用发展解决问题，在发展中不断成长。

组织的进化

当组织进入成熟期，第三阶段的工作是形成组织发展的生态体系，形成内部自发成长体系。组织的发展如同练级，新的阶段面对的对手的实力也将飙升，有时甚至必须进入一些无人区，与自己作战，不断革新自己，所以强大的组织必须形成自我探索和自我纠错体系，保持强大的进化能力。随着科技日新月异的发展，整个社会形态在快速衍化，组织面临的环境在不断变化，很多事物的生命周期在变短，组织必须内在地孵化出不同生命周期的形式，保持活力，学会平衡不同形态的风险，运用资产组合理念来帮助实现持续进化。

组织的破坏

一些组织在发展过程中可能会受到外部的冲击，组织在新时代下原有的目标已经实现，或者原有的目标已经变得不再有意义，所以组织在发展过程中要时刻关注外部世界的变化，避免外部世界的冲击破坏。大部分的组织破坏是内部产生的，组织的内部秩序可以不断调整，但很多时候无故打破秩序或者组织变得混乱无序，都会直接导致组织的衰落。常见的破坏形式是越级，包括频繁地越级汇报和越级授权。越级让中间层的工作无法有效开展，最终整个组织的效能必然低下。还有一种破坏是组织内不畅通不合理的协调机制。如果组织内的交易成本远高于市场成本，组织一定会被外部市场打败。组织的领导者必须时刻警惕组织的破坏，建立一个健康、高效、和谐的组织。

2017年11月27日

如何痛快地活

　　有人把生活过成一首诗，有人却把生活过成一团粥。不必人人都去追求云淡风轻、岁月静好，但如何让人生有价值、让生活更有质量，是我们需要思考的。也就是说："你，如何痛快地活着？"

2017年，我去了很多地方，遇到了很多人，也感受到了不同的人生。有人努力奔跑着生活，有人却被生活裹挟着前行；有人乐观向上对世界无所畏惧，有人却郁郁寡欢让世人望而生畏；有人有才有趣把生活过成了诗的样子，有人却在"迷茫"和"沮丧"中苟且偷生。不必人人都去追求云淡风轻、岁月静好，但如何让人生有价值、让生活更有质量，是我们需要思考的。说得直白些，就是如何痛快地活着。

简单痛快地活

简单才能痛快地活。曾看过一本书《断舍离》，还写过一篇与"断舍离"有关的文章，但自己的生活从来没有"断舍离"过。人生有太多的期盼，有太多的欲望，期盼和欲望让很多事变得很复杂。简单才能让自己真正地自由。刚工作时期待可以买套房子，当时想如果有个房子，无论多小，都是有了一个自己的家，一定会很快乐；有了房子没几年，觉得房子太小，一定要买个大房子才开心；住了大房子，发现离主城太远，必须买个主城的大房子才能快活；后来才发现，人的欲望永远不会停下来，无论多大多好的房子都不能绝对地带来快乐。工作总在面对竞争，各种指标考核时时紧追，有时被压得喘不过气来，领导不时地批评两句，对手不断挑衅几下，同事偶尔拖下后腿，工作就是战场。其实工作只是人生的过场，放下心中的执念，演绎简单的自己才能最好地发挥，取得最好的成果。

自信痛快地活

世事多艰难，幡动实是心动，很多时候你不是在与外面的人竞争，而是在与自己的内心竞争，对自己的内心认识得越多，自信便随之而来。每个人都是独特的，人人生而平等不是一句空话，每个人都有自己的使命。挖掘自己的潜力，提升自己的能力，关键是把自己独特的能力发挥出来，生命就一定会有自己的花火。价值是每个人对这个社会的贡献，生命各有价。你用心创造，就在为社会发展添砖加瓦，你做了贡献，当然就有了价值。你的智慧不断提升，对社会做的贡献就越大，你的价值也就越大，你也会变得越痛快。

心宽痛快地活

心有多大，舞台就有多大。想要痛快地活必须心宽。生命是一场修行，通往自由自在的路上，你会遇到各种妖魔鬼怪，它们会想各种方法扰乱你的内心，挤压你的空间。其实那些都是一种磨炼，磨你内心的坚韧程度，处变不惊是心坚的最高境界。心宽不是不闻不问，心宽是放下内心的烦恼，从容面对各种情况，微笑面对各种烦恼。站在更高处看一些事，会发现大都是小事，这样人就会轻松起来，就会痛快起来。心宽是放下心里的得失，不必太计较，万物自然来。最近流行空杯心态，其实也是一种心宽，放下，杯才能空，空杯才能再续，痛快才会重来。

健康痛快地活

健康是所有一切的基础，身体不好，心情难佳。要想痛快地活，必须关照自己的健康。认真想来，健康也是个立体的系统，包括饮食、锻炼、睡眠和心情。病从口入，所以合理控制饮食，坚持合理膳食十分重要。这是个过剩的时代，不是比谁吃得多，而是比谁吃得少、吃得精。锻炼已经成为健康生活的一部分，生命在于运动。充足的睡眠是生命之源，睡眠可以发挥最好的自调节功能，让生命充满能量。心情好，身体才会好。多微笑，多开心，健康自然来。每个健康的人都有最快活的理由，也都有最快活的资本，关键是要抛开外界的束缚与诱惑，回归身体的本源，健康地对待生命。

2017年12月9日

心定则『禅』

　　修行就是让心定下来，如此智慧就会长出来。修行将经历几个阶段：观天下与审内心、入世与出世、急与不急、心定则"禅"。

古人讲："读万卷书，行万里路。"人生就是一次修行，走过、看过、经历过，就会对这个世界有不同的感悟。世界纷纷扰扰，社会磕磕绊绊，生活起起伏伏，在用双手改变世界前，我们必须用心去感知这个世界。混乱的心无法看清这个世界，跳跃的心会看错这个世界，只有"定"的心才能清晰地认识并把握这个世界。其实，修行就是让心定下来，如此智慧就会长出来。看明白世界的规律和事物的运行方式，万事皆明，万事皆成。

观天下与审内心

是天大、地大，还是心大？年轻人总是向往外面的世界，常说："天下宽广，必有用武之地。"天下确有不同的风景，天下也有不同的风情，但天下其实都是一样的人与事。人的故事有外在的不同，其实共性更多，所以观完了天下，会发现天下人的内心都是一样的。把眼光放回内心，心的力量就不断壮大了，内心的通明就增强了，对天下的感知力也就更强了。调整了内心，天下必尽归于心，内心则更加通明澄澈。

入世与出世

修坚定的心，是在滚滚红尘还是在世外桃源？世外清静，一了无痕，每天只能与自己对话，与自然对话，万物皆空灵，身体的灵性自然会变得更足，觉察力必然上升；但没有入世过的心，也是一种残缺，缺少了烟火气，缺少了生命力。入世才能体会社会的复杂、人群的秩序，了解时代的变迁，入世后的心才能接触到更多的能量。经历洗涤，磨炼出光泽，心里的包容度才会增加，未来再次入定的心才能生出真正的"禅"。

急与不急

人生短暂，匆匆数十年，必争朝夕。好像时间总是最稀缺的资源，所以人们大都急切地去完成身边的事，内心的焦急不停地燃烧。古语云："磨刀不误砍柴工。"人生必须从容面对，世间无难事，只怕有心人，放下急迫的心，细心规划，用心执行，用不急不躁的心态去面对当下的环境，去处理当下的问题，往往会事半功倍。不急不是放弃，不急不是忽视，是用平静的心去合理安排每个着急的事，抓住主要矛盾，解决根本问题。

心定则"禅"

心定是一种境界，要达到这种境界需要不断地经历磨炼，克服人性的"贪、嗔、痴"，理性面对人性的多面，处理生活中的伪善，抵御各种诱惑，抗击各种竞争与搏杀。找到内心最纯净的自己，方能生成智慧，借力引力，学会处理各种情况，成就非凡的内心，铸就成功的事业。修禅就是修心，修心是感知、思考、总结，最终凝成心底的本能。心不轻易受外界的影响，找到内在的目标与动力，当心的内外皆定，必无所不能，达到禅境。

2018年1月22日

PPP业务
洽谈成功的要素

　　PPP是政府鼓励的投资模式，很多企业都在积极推进PPP业务。PPP业务洽谈成功的要素有网格状思维、专业化方式、高情商沟通、优作品态度。

推动经济发展的三驾马车是出口、投资与消费。第二类中政府投资占绝对比重，所以很多企业的客户对象就是政府，帮助政府完成投资职能。在最新政府鼓励的投资模式中，PPP投资排名第一，政府希望社会资本介入各类项目，发挥市场力量，提升基础设施投资效率。在实际推进过程中，很多企业的PPP业务并不十分理想。PPP业务从项目策划到入库挂网，再到中标合作，一般需要6—8个月的时间，这个过程中存在各种变数，想要让项目成功落地必须具备一些成功要素。

网格状思维

所谓网格状思维，实际上是一种关注多主体诉求的思维方式。PPP业务涉及很多工作主体，政府、企业与金融机构是主要主体方。这三个单位又存在不同的内部主体诉求：政府内的主要决策人、主要执行人和业主代表方之间的诉求总体一致，但又存在着差异；企业内的生产部门、设计部门、拓展部门和金融部门也存在不同的考虑；金融机构关注的内容与其他两个主体完全不一样。在业务洽谈推进过程中，必须有一个部门来协调兼顾各方诉求，促成多主体的利益平衡。此时，思维方式必须不断切换，随时准备面对不同的主体，做到换位思考，推进项目合作。

专业化方式

PPP是近几年推出的新玩法，涉及基建工程、设计、运营与金融等多门类知识。在业务洽谈过程中，需要业务人员把跨行业的知识消化融合后，与政府多部门进行沟通。此时的专业化方式，实际上是多专业的融合知识。业务人员必须不断学习，把握各项最新知识，引领客户用专业化的方式实现合作。专业化的方式不仅仅是指知识的存量，关键还要在业务合作过程中，不断根据实际情况进行创新。比如PPP三种付费机制的未来趋势必然是使用者付费加可行性缺口补助，如何专业化地挖掘使用者付费的能力是PPP业务未来成败的关键。

高情商沟通

PPP业务是BT业务的升级版，是政府风险管理的新方式。最初的想法是降低政府债务，降低政府基建的行政力，提高基础设施建设的效益。新的风险管理方式改变了传统方式中利益主体的分配格局，但并没有改变当初的利益主体人群，所以新的分配方式需要被原来的利益主体接受与适应，这就离不开各种类型的沟通。高情商沟通就是能应不同人群的心理需求，提供出不同的让客户满意的方式方法，管理客户的需求，让整个PPP链实现整体收益增长，兼顾利益分配。

优作品态度

在政府基建项目日渐饱和的今天，部分基建投资的边际效益出现了递减情况。新的PPP投资必须优化设计，产生增长的正效益，所以业务洽谈过程中每个人必须对PPP项目抱有敬畏之心。PPP是政府财政最后的投资空间，长达10—15年的项目周期基本把地方政府未来10—15年的大项目额度占完了，所以PPP包装策划的项目必须是优质作品，能给当地政府带来未来10—15年的长期收益，帮助当地政府提升综合实力。业务洽谈过程中的优作品态度会感染客户，引导客户参与优作品的策划与落地过程，让企业与客户一起向优的方向成长。

2017年1月24日

PPP业务的资金逻辑

　　PPP项目的成功与良性的资金流密不可分。梳理PPP业务的资金逻辑可以从四个方面入手：资金谁出，收入何在，价值何在，持续可行。

所有的生意都是围绕钱的运行展开的，现阶段推崇的PPP模式也离不开这个逻辑。为什么PPP入库规模宏大，但实际落地的项目差距较大呢？主要原因是很多PPP业务开拓阶段并没有考虑清楚钱的问题。常说"资金是血液"，血是需要流动的，凝固的血价值会不断下降，最终成为废品。血的流动离不开活的机体，好的PPP资金流动必须在一个好的项目上，好的PPP项目必须能够形成好的资金流，所以PPP业务必须重视资金逻辑，把资金管理放在第一位。

资金谁出

PPP项目的出资方主要是政府、社会资本方和金融机构，最大头的金融机构一般为70%，政府为5%—10%，社会资本方为20%—25%。为什么这些主体要进行出资呢？首先政府有建设的需要，但地方政府短期拿不出钱来进行建设。传统的政府融资平台已经被叫停，控制地方政府债务是本届政府的目标之一，所以政府只能投入少量资金，借助社会资本与金融机构的力量实现建设发展；社会资本方出资的主要目的是拿到项目，通过项目利润壮大发展；金融机构出资的目的是贷款回报，在没有资产担保的条件下，政府信用是最大的贷款保障。

收入何在

PPP项目主要提供政府公共服务，公共服务的收入一般很难量化到经济收入上来，有些项目的社会效益远大于经济效益，可以看成是政府的纯支出，那么还款的主要来源就是政府的财政支出。财政支出取决于两部分——财政收入与上级政府的转移支付，有些专项的转移支付还必须剔除计算。财政收入的核心是税收加土地出让收入。土地出让收入与城市人口、区位、环境、交通息息相关，税收与产业发展密切相关，所以能够支撑PPP项目还款的收入来源清晰可见。三个主体中，政府是项目的需求者，社会资本方是项目的执行者，金融机构是收入的密切关注者。

价值何在

一个项目要实现预期目标必须有存在的价值，PPP项目的价值可以分为两个方面——政治价值与经济价值。一方面，在财政约束的条件下，PPP项目必须做政府最需要的基础设施，所以1号工程是首选。现阶段政府的三大攻坚战是防范化解重大风险、精准脱贫、污染防治，后两项与PPP项目密不可分。另一方面，经济价值是解决政府的增量问题。通过PPP项目可以创建更好的产业发展环境，提升当地的产业发展能力，实现财政收入的快速增长。让财政与PPP项目实现良性循环是必须实现的目标之一。

持续可行

PPP项目长达10—15年的项目周期，必须长期维护运营。政府承担的费用也不仅是项目总投资，还包括财务成本和运维费用，一般每半年付本息一次，所以PPP项目的运营与还款都必须持续可行。还款的持续可行是重点。现在大部分的PPP项目还没有进入还款期，可以预见不久的将来，一定会出现没有按时还款的情况，到时银行将依法起诉SPV公司。SPV仅仅是家壳公司，此时这家公司对政府形成的应收账款成为关键。PPP持续运行的核心是政府未来持续的还款能力，成功的PPP项目必须选择财政状况良好且未来增长更好的政府进行合作。

2017年1月29日

创业：必须健康地活着

　　创业不易，回顾前三年的创业市场，浮华退去，浮躁渐灭，创业开始理性，开始务实，开始长期计划，健康地活着成为创业的第一要务。创业健康包括身体健康、目标健康、经营健康和环境健康。

创业教育了一代人，2015—2017三个完整年度，创业走到了一个新阶段。这个过程有成就卓著的独角兽，也有极端离世的诀别，更多的是经历过亢奋、挥洒过热血、归于平静的创业者。客观地看待创业，客观地总结经验与教训，抬头看一下天，会发现云仍然在动，天依旧很蓝，生活仍然在前进。创业没有停止，可能变得更难，但三年来最大的成就是浮华退去，浮躁渐灭，创业开始理性，开始务实，开始长期计划，健康地活着成为创业的第一要务。

身体健康

情怀是当年创业的第一招牌，一起敲钟成为很多人的梦想。带着热血，披着狼性，通宵达旦，你一天工作低于12小时都不好意思说自己是创业者。没有生活、没有睡眠、颈椎不好、高血压是创业的副产品，以青春换成功是一种标配；但大部分人往往忽略了成功的基础是身体健康，所有零的前面没有了身体壹的结果就是零。在创业者的时间管理中一定不能缺少睡眠、运动和减压的安排。其实，健康的身体与创业并不矛盾，它可以让创业变得更有效率，更阳光。

目标健康

创业是一种生活方式，你带着什么目标走进创业森林，最终你就会采得什么果实。一个月完成公司相关手续，三个月出产品，五个月出数据，六个月第一轮融资。在很多创业者的世界里，速度永远是第一位的，不问TOB或TOC，直接TOVC，先做流量，有了数据就有钱，最终这样的目标都与失败相伴。一个成功的创业必须有非常健康的目标管理，长期目标与短期目标平衡互补，战略目标与战术目标相得益彰。诚实、真实、负责是创业目标健康的三个标准，投资人、用户、员工、自己都必须坚持这样的标准，创业才能真正有意义与价值。

经营健康

创业的价值最终必须通过提供产品与服务实现，所以经营健康是创业成功的核心。当然，随着现代科技的飞速发展，一些革命性的技术可能需要很长的时间才能实现。资本市场长期的资金加持成为助力，加持的目的是尽快实现经营目标。经营是创业的核心工作，所有的工作围绕经营展开，产品设计、生产、营销品牌、财务管理、行政人事、资本运作都是经营的内容。每个要素应组合在一起形成合力，最终成就企业的价值，保证企业健康运营，创业变得有生气有底气，进而走向真正的成功。

环境健康

创业不是在真空下的行为，离不开生长的土壤。好的环境可以引导创业向正方向前进，差的环境会把创业引向歧途。创业环境主要是指各地各级政府的软环境和区域市场的创业氛围。现在中国好的创业地为北上深杭，近几年杭州的创业成绩显著，与杭州整体的创业氛围上升和政府积极的配套制度建设密不可分。创业不仅仅是个人的商业收获和价值体现，还表现出很强的社会效益，对就业与经济转型升级的贡献巨大；所以整个社会必须一起努力，为创业者提供健康的环境，让创业者呼吸新鲜的空气，饮用干净的水，最终生产出有效的价值服务市场。

2018年1月31日

团队管理的『四件套』

团队是任何组织前进发展的基石，团队有效的管理是组织走向成功的保证。成功的团队管理离不开"四件套"——培训、协调、考核和文化。

最近在认真阅读瑞·达利欧的《原则》，印象最深刻的地方是，作者一再提醒最大的原则是做有意义的工作和发展有意义的人际关系，其实简单地说就是做事与做人。这里提到的做人与一般人的理解可能有差别，有意义的人际关系（做人）中很重要的部分是团队管理。团队是任何组织前进发展的基石，团队有效的管理是组织走向成功的保证。好的公司一定有一个好的团队，该团队凝聚力强且战斗力强。如何有效地进行团队管理是企业管理中非常重要的内容，团队管理中核心的要件是什么将成为我们迫切需要研究的内容。

培训

现代科技日新月异，产品和企业的生命周期变得越来越短，学习型组织诞生，每个人必须时刻学习最新知识以便赶上时代节拍，所以企业之间的竞争变成了人才的竞争。好的人才体系除了基本素质之外，培训成为十分重要的环节。有了培训的加入，团队管理变成带着团队一起成长，团队正向激励的作用变得越来越大。企业团队的培训可以从三个方面入手——业务基本专业知识、业务相关专业知识、业务拓展知识。这三个方面的学习可以有效解决基本工作过关、日常工作过硬、延展工作创优的问题，帮助团队成员游刃有余地处理相关业务。

协调

企业是个组织，大的企业规模大、组织大，协调成为组织工作中必不可少的一环。团队是组织中的一个小分队，团队的成长离不开组织中各个部门的支持。实际上，除了组织内的协调，组织外各类资源的协调也是团队成长很重要的内容，所以团队管理必须重视各类资源的协调。协调外部资源可帮助团队打开局面，协调内部资源可帮助团队尽早实现项目落地。在协调过程中必须注意方式方法，会议沟通、正式沟通、私下沟通都是必须灵活掌握的方式。

考核

管理的理想境界是激发人性的善良。人性中必然存在善恶两面，惩恶扬善才能让管理实现成功。团队管理也离不开正反两面，一方面要激励员工，另一方面要考核员工。考核员工是为了帮助员工更好地成长。考核是个非常专业的工作，必须有清晰可行的考核方法。有些领导根据自己心情和自身喜好去考核，最终很难带领企业走得更远；还有些考核太复杂，不便于操作；有的太简单，伤害积极性。考核必须有专业的能力，应根据团队不同的情况，根据不同的发展阶段，拟定符合团队发展的有效体系，以鞭策团队越来越好。

文化

短期的团队管理靠制度，长期的团队管理靠文化。文化是团队的无形资产，是团队发展过程中团队领导人与团队成员共同形成的。所有企业成长的约束力，在于企业核心领导人带领团队所塑造文化体系的先进性。文化是一种潜移默化的生产力，可以降低团队的沟通成本，可以增强凝聚力和战斗力；文化是一种活的竞争力，可以帮助团队适应外部环境的变化，实现长期自我成长，成为成功的内生变量。文化建设在团队管理中是个长线工作，需要时间的沉淀，需要持续改进、不断完善，正如瑞·达利欧一生都在不断完善桥水的"原则"一样，持续改进本身就可以成为文化的一分子，帮助团队走得更远。

2018年2月11日

金融生态型
企业怎么做

　　小米即将上市，金融生态型企业随之受到越来越多的关注。这种新玩法要求企业夯实产业基础，点亮估值空间，玩转金融工具，形成叠加效应。

狗年旺财，近期小米的雷军可能成为中国首富的话题被很多人描述。如果说早期的首富是房地产巨头、中期的首富是互联网新贵的话，那么呼之欲出的首富为什么是小米呢？外界看待小米的中心点是手机，但大家更看好的是小米的生态，而小米生态的实质是金融生态。调查显示，雷军关联企业高达116家，共担任 16 家企业的法定代表人，对外投资了 48 家企业，在外任职 91 家企业。金融回归实业，金融支持实业，用金融方式运营实业，将是未来几年企业成长的最新玩法。作为一个新模式，新的玩家必须认真学习金融生态型企业的玩法。

夯实产业基础

每个生态系统一定有一个基础层，金融生态型企业必须有一个或一组基础层产业，它们需要具有体量大和现金强的特点。体量大才能具备基座的功能，具有较强的稳定性，才能承担培养基的职能，进而孵化出更多的优质企业。另外，能够提供充足的现金流是关键。金融生态型企业是短期和长期发展的综合体，短期存在的现金流是企业生存的基础，可为未来高增长的项目提供粮草弹药。金融生态型企业是一种新型的发展模式，是金融回归服务实体的最新表现，其成功的核心是用金融工具帮助产业实现成长；所以企业的重点是产业，做大做强产业才能最终产生金融价值。

点亮估值空间

金融生态型企业的产业可以分为两层：底层是现在+现金流，上层是未来+高估值。金融生态型企业以上市公司为主要业务载体，准备上市、正在上市和已经上市的企业都有一项重要工作——市值管理。有的企业市盈率15倍，有的50倍，有的100倍，有的更高。最终核算的市值规模千差万别，出现这种差异的原因是每个企业未来的想象空间不同。企业不仅要面对现在的竞争和现在的市场，还需要面对未来的竞争和未来的市场；不仅要实现现在的成功，更需要实现未来的成功，而且是未来更大的成功。金融生态型企业必须思考明天，必须站在市场的公开透明处，让市场相信企业的未来价值巨大。

玩转金融工具

资金的来源有三处——银行、PE、政府，对应有三种投融资方式——债权、股权和补贴。在传统金融界，银行占绝对主导地位，但现在的银行正在为存款而战，中国人高储蓄的习惯已经改变，没有存款何来贷款；财政补贴一直存在，对于一些非市场化项目，补贴是唯一的途径。市场端的股权投资规模正不断增长，小米生态企业里股权投资的运作是主要形态，股权投资的规模正在逐步超过债权。这和现代企业的特点密切相关，高科技、高风险、产品生命周期短，通过股权投资可分散企业经营的风险。银行债权对应的是高安全、低风险、固定收益的模式，股权对应的是高风险、高收益的模式。随着中国市场逐步成熟，股债互动的金融玩法将成为市场的主流。

形成叠加效应

金融生态型企业的目标是形成叠加效应，实现N个1相加大于N的结果，并且形成指数式增长态势，最终呈现跨越式大发展的格局。叠加效应具体表现在两个方面：一是产业之间的叠加效应。这可以参考同心多元化理论，产业可以在技术与人员间形成互补，形成完整的产业链，通过产业链提高各节点企业的效率与效益，实现技术与人才外溢效应内化，提升生态型企业价值。另一方面是产业与金融之间的叠加效应。这是个新课题。当企业生态扩大，生态内部会形成物流、信息流和资金流。随着上市公司成为现代企业的核心，资金流中的未来现金流可以提前转变为现值，可大大增强现代企业的资金运作能力。此部分给生态型企业创造的价值巨大，造就了万亿市值的企业巨头。富可敌国的金融生态型企业已经成为现代市场的主体之一。

金融生态型企业已经在我们身边成长起来，了解、学习和研究金融生态型企业将是未来顶级企业家的必修课。金融生态型企业在当下中国还处在成长期，但中国企业的发展速度惊人。相信不久的将来中国的金融生态型企业将遍地开花，让我们拭目以待。

2018年2月23日

从吉利收购奔驰
看投资的权与钱

本文透过吉利收购奔驰事件，分析投资世界的权与钱。现代投资的方式灵活多样，投资必须先理清是为了钱还是为了权。有钱不一定能获得权，权与钱不能仅仅成为名利场的游戏，为大多数人谋福利的投资才能最终获得社会的尊重。

2018年2月24日凌晨，戴姆勒官方发言人证实吉利董事长李书福持有其9.69%的股份，股份价值约90亿美元。这意味着李书福成为戴姆勒最大的股东。截至目前，吉利汽车收购了瑞典沃尔沃、英国锰铜、印度宝腾。经历多轮收购和并购，吉利控股已拥有吉利、领克、沃尔沃、伦敦出租车、宝腾和路特斯（莲花）六大汽车品牌矩阵，形成覆盖中低端品牌、豪华品牌、超豪华品牌的完整产品谱系。收购是企业实现快速成长的良方，可以短期内跨越前人走过的路，站在市场的最前沿。吉利在汽车领域的整合已经非常老练，很多人欢呼，吉利终于控制了世界上最牛的汽车公司。吉利成为最大股东就控制奔驰了吗？答案肯定是"否"，投资世界的权与利并不是并肩前行的。

投资的方式灵活多样

在投资的世界里有两种分类，一种叫资产投资，一种叫股权投资。资产投资是你可以买走资产的所有权，这里面又分为两类，一类是实物资产，一类是无形资产。两种资产买走后，你可以自由使用它们，去创造收益。股权投资是买走了企业的股份，根据股份的多少决定你未来的收益分配权。最初股份公司的设置是同股同权，但现代公司赋予了股份不同的类型。比如AB股结构，A类股份与B类股份享有同等的收益分配权，但A类股份与B类股份的投票权不同，有的A类股份的投票权是B类的10倍，所以拥有A类5.1%的股份就可以控股公司。投资灵活的方式与投资标的权利的不同分类相关，现代企业资产的所有权、经营权、收益权可能会灵活拆分，所以投资模式的组合也丰富多样。

投资是为了钱还是为了权

灵活多变的方式给了投资者一种选择权，投资者在决策前必须回答自己是为了钱还是为了权，专业的说法是准备做财务投资人还是做战略投资人。财务投资人不干涉企业的经营，让原有的经营者在资金的支持下，尽可能大地创造财富，以待未来可以有高额的分成。财务投资人不会对投资项目长期恋战，会高抛低吸，在合适的低价买入，在合适的高价卖出，收益是他们的第一位目标。战略投资人的目标更在乎控制权，认为投资企业通过与原有产业的合作可以产生协同效应，或者认为改进管理可以为企业创造出更大的价值。战略投资人一定会涉入原有企业的经营管理，通过人与事的调整，改变企业原有面貌，获得控制权，进而实现目标。

有钱不一定能有权

在投资世界，传统的观念认为给了钱就一定能获得企业的权，在同股同权和所有权、经营权、收益权合一的时代，投资就可以同时拿下这三个权利；但现代企业的投资只能保证收益权，其他两个权利并不能百分百地获得。有些投资，出售方加入回购条款，资产更像是一种抵押而不是出售；还有些企业的管理层实力很强，企业股权比较分散，实际上是管理层控制了整个企业，吉利收购的奔驰现在就是这种情况。企业在投资时必须明白，有钱不一定能有权，当然企业是变化的，随着时间的推移，企业相关各方的实力和能力都会发生变化，企业的权利也会相应地发生变动。

权、钱都是名利场的游戏

随着经济的发展，大部分优秀的企业都成了公众公司，现代企业权利的争夺完全呈现在公众的视野里。企业的角斗场就是个名利场，企业家、金融家及其他各类精英各展所长，直奔权、钱，在他们的背后，留下了一群等他们服务的消费者和依赖他们的员工。企业不只有权与钱，企业还是社会的组成细胞，既有经济功能还有社会功能，所以企业不能仅仅是名利场。投资的目标必须加上社会价值的创造和服务社会的责任感，让投资有温度，让投资不冷血。投资争夺不仅仅是为了少部分人的奢侈，更为了给社会创造财富，造福更多的人。

2018年2月26日

留住人才的四大撒手锏

人才是企业最宝贵的资源。一些企业的人才保持了合理的内部流动，还有一些企业的人才正在不断流失。留住优秀的人才有四大撒手锏——利益、成长、环境和感受。

近期不少二线城市在开打"抢人大战"，连一线的北京也加入战团。人才是21世纪最贵的资产，所有的财富是人创造出来的，有人才有一切。高素质的人才是每个城市成功的关键，企业更是如此。春暖花开，一年中跳槽的黄金季也正式来临。一些企业的人才保持了合理的内部流动，还有一些企业家必须静下心来反思，为何自己的员工会有如此高的流失率。除了自身的战略转型外，是什么原因促使企业的高素质员工不断流失？企业到底应该如何留住优秀的人才？

利益

空谈情怀的时代已一去不复返，市场正在也必须回归理性。大部分人才工作的主要动机是收益。这是个商业化的时代，薪资代表了个人价值，价值通过收入反映出来。人才也要面对生活，财务自由者是极少数，所以让人才真正有理想的收益是留住人才的第一原则。利益第一过程中必须把握住合理的度，企业带领人才对利益的获取必须合理正当，拒绝一切不合理和违规收益，只有阳光下的利益才能走得长远。

成长

当人获得了基本的生活需要后，成长成为每个人内在的动力。工作是人才内在的动力需要，企业既要创造出更大的平台让人才施展才华，还要帮助人才认清方向、补充知识、踏实前行。人才的成长路径有三：一是高质量的执行力。让每个人都能了解每个步骤的工作内容，规范操作标准，帮助人才成长落地。二是持续性的学习力。不断提高员工的业务技能，通过知识素养的丰富提升其服务客户的能力。三是创新性的思考力。虽然企业的战略一般是由高层制定的，但想做将军的好士兵必须会自我思考。有了成长的空间和机会，人才才能全身投入工作，不断挖掘自身的潜力。

环境

人与人的联结形成磁场，职场中人与人的共处形成企业文化。企业文化就是人才工作的软环境，这种软环境的核心是价值观和生活观。每个企业都用人的行为不断滋养这样的环境，最终形成人才对企业的认可度，人才才能留下来踏实愉快地工作。除了工作的价值观，人才也会思考各自的生活与企业工作的平衡。有些企业不断强调狼性文化，每个人都像打了鸡血，员工除了工作没有生活，这样的环境不会受到员工欢迎。拼搏、激情与热爱生活并不矛盾，最近在微博上表达挫败感的360创始人周鸿祎受到了很多人的关注。工作与生活密不可分，二者同样重要。

感受

在职场，不可能人人去照顾你个人的感受，但随着时间的推移，每个人的感受会不断地累加，进而做出不同的选择。内心的感受对于中高级人才非常重要，在不同类型的企业中，他们产生的价值也不同。对于创意型的企业来说，感受是人才的创作源泉，调节情绪不仅仅是个人行为，可能还会影响企业的生产力。在美剧《亿万》中对冲基金公司有个"绩效教练"，其主要工作就是调节人的心理，抚平人的情绪波动。感受中最重要的内容是尊重，你可以考核人才，也必须尊重人才，构建平等、尊重、积极的员工关系。让人才感受到公正与尊重，人才才能真正留下来与企业一起成长。

2018年4月3日

金融世界趟过的风口

　　"饿了么"和"摩拜"两家独角兽公司出售了，两大风口"O2O"和"共享单车"走下了神坛。风口变得越来越多，从互联网金融，到新三板，到共享经济，到知识付费，到直播平台，到区块链，到独角兽，风潮涌动。本文将分析风口的开始与背后，观察风口后的尘埃，进行风口后的反思。

"饿了么"和"摩拜"两家独角兽公司出售了，两大风口"O2O"和"共享单车"走下了神坛。近几年，风口越来越多，起风、吹风、风停成为一种新潮流。风口背后是整个经济模式的改变，是资本时代的到来催生出的经济新玩法，其背后的逻辑并没有改变。资本开始主动地"高抛低吸"，用一个又一个风口吸引玩家加入，不断加注，待进入高点时，资本开始抛盘，最终资本悄然撤退，割走一片韭菜，留下一地尘埃。相对于当年小部分人入局的电子盘，风口的投资具有极强的隐蔽性，小部分成长起来的风口掩盖了大部分风口的跌落和伤害。

风口的开始

风一般很少自动吹起来，市场自然会去捕捉可能起风的方向。在经济转型时期，人们的焦灼感更强烈，传统的生产模式和商业模式都被摧毁，市场正在重建，但科技的快速发展，让各个产品的生命周期变得越来越短，竞争的护城墙不断被推倒，风可能从四面八方涌来。于是，具有创造力的人才不断尝试，不断迭代，不断堆积自己的城堡，又不断被新风口吹倒，最后，风口变得越来越多。从互联网金融，到新三板，到共享经济，到知识付费，到直播平台，到区块链，到独角兽，风潮涌动。现在市场大的热点是TMT、人工智能、大数据和生物医药，新材料、新能源、新装备、新医药这四个高新产业是风口的主要供应商，创新是风口的动力源。具有远大前景的创新催生了一个又一个风口。

风口的背后

如果风自然吹过，力量不会很大，时间也短暂，但越来越多的风口狂啸而出，背后必然有"妖"，资本正是背后的"妖"。随着全球货币的超发，资本苦寻出路，传统的产业基本可以预测，想象空间不大，资本开始进入高风险领域。全球金融的势力也从债权转向股权，华尔街已经成为过去，硅谷才是新势力，资本挟科技创新之力席卷全球，确实成就了部分新科技企业；但创新真的很慢，而且越来越难，资本走上了风投大道，已经无心回头，只能开始寻找猎物。没有创新，小小的创意也能包装成创新，连专业的机构也搞不清到底是创意还是创新，只要赚了钱就好。

风口后的尘埃

经济学的定义是优化资源配置，提高资源使用的效率，但新经济吹出的风口真的优化了资源配置吗？当看到共享单车胡乱堆积在人行道上时，当站在风雨中看一辆辆出租车飞驶而过时，也许你开始为新事物烦恼起来。如何打扫风口后的尘埃也可能会孕育出新的风口，资本攻掠过的市场到处是过剩的产能，经济的优化配置成为更遥远的梦。当市场的无序性占领上风，每一个风口的投资都应该更慎重，每一个模式都必须认真。创业者、投资者、用户都需要更加理性地面对每一个风口，让每个风口后的尘埃变得更少，让创业也变得更环保。

风口后的反思

韭菜割了一茬又一茬，年年岁岁，岁岁年年，历史总是不断重演，只是重演时换了件马甲。如果你做庄造风口，你赢；如果你无知追风口，你败；如果你坚持做有价值的事等风来，你赢；如果你坚持守株待兔，你败；如果风来时你跟进吃一小口然后快撤，你赢；如果你傻傻地做接盘侠，你败。每次风口飘过，会有小部分人赢，大部分人输。新的世界里二八法则变为一九法则，你可以立志成为10%，但如果你不参与风口，你必然就是整个市场的90%；所以在三种赢的状态中找出适合自己的方式，努力成10%是每个人必须做的事。敬畏风口、感知风口、战胜风口，将成为工作的常态。

2018年4月8日

产城融合为什么这么难

　　产城融合是很多城市管理者追求的发展方式，但产城融合在实践中的推进并不如想象中那么顺利。产城融合为什么这么难呢？难度主要集中在四个方面：产业发展、城市生态、人才智慧和资金管理。

最近华夏幸福的资金问题受到了市场的强烈关注。华夏幸福是国内最大的产城融合制造商，人们对其资金链的关注其实是在关注"产城融合"的商业模式能够走多远。在城市发展过程中，产业是城市的核心竞争力，没有产业，城市就是一座空城。随着中国产业转型和结构升级，中小城市的竞争力正在不断下降。很多城市的管理者已经意识到这样的问题，开始寻找产业与城市共同发展的方式，希望用产业的活力提升城市竞争力，用城市的发展激活产业成长，最终实现产城融合的目标。在实践过程中，产城融合的推进并不如想象中那么顺利。产城融合为什么这么难呢？

产业发展是产城融合的核心

每个城市的发展必须站在全国、全球的角度，认真思考自己产业发展的比较优势。城市可以对自己的产业规划做个SWOT分析，在比较优势的基础上，形成特色产业+尖端产业的规划，培育有市场竞争力的主体，发挥龙头企业的带头作用。随着市场竞争的加剧，城市尖端产业的发展必须在科技与创意方面下功夫。只有不断提升企业的效率与创意水平，企业才能给城市创造出更多的税收财富和吸引效应，城市才能真正持续发展。对三线、四线城市和中西部地区的城市管理者来说，在承接一线、二线和东部地区产业转移过程中必须慎重，别人淘汰的落后产能不能不加取舍地引进。没有真正改进和发展的产能对城市的长期发展没有意义，每个城市只有集中优势资源培育出真正有竞争能力的产业，才能实现真正的发展。

城市生态是产城融合的基础

城市是产城融合发展的土壤，吸引和培育尖端产业离不开城市的软硬环境。城市的硬环境是基础设施和自然生态，是人们长期驻足的基础，是产城融合的基石。在产城融合的发展过程中，软环境更重要。软环境包括人文历史、治安风貌、办事效率、居民素质等。人文历史是城市的基因。一些城市崇文尚武，人人喜欢读书看报，城市人文底蕴深厚，产业发展的人文基础就好。治安风貌很重要，一个没有安全感的城市不可能吸引产业的投资，产业逃离将是常态。办事效率是外来投资者十分关注的。时间是产业发展最大的变量，企业都有机会成本和沉没成本，城市的管理者必须帮助企业降低这些隐形成本。居民素质的提升对城市发展也十分重要，勤奋乐观的居民是城市最大的财富。城市管理者必须引导宣传，弘扬正确的生活习惯，夯实城市发展的基础，为产业发展创造优良的环境。

人才智慧是产城融合的关键

产业和城市都靠人来建设，尤其是高端人才的智慧。未来城市之间的竞争就是人才与人口的竞争，没有人一切都是空谈。产城融合必须思考人的因素，结合当地最好的人力资源，引进当地最需要的人力资源，创造人才施展才华的平台，让人才结合当地资源，充分展现所长，创造价值。人才管理必须放在产城融合的重要工作日程中，建成人才引进、培训、激励与考核的完整机制。一线、二线城市是人才的聚集地，但大部分的产城融合项目在三线、四线城市，所以要打通一线、二线城市与三线、四线城市人才流通的渠道，形成互补效应。

资金管理是产城融合的血液

产城融合是站在城市发展高度的大项目，很多项目的运作取决于资金的运作与管理。项目的投资来源于哪里、投资的节点是什么、每个阶段的资金如何平衡、项目的收益在哪里、最终项目投资的退出方式和退出周期是什么，这些问题决定了产城融合项目的成败。项目开始前，必须做好短、中、长期的资金筹划，做好每阶段资金投入后的风险管理，避免项目成为烂尾。有统计显示，华夏幸福运用了多达21种融资方式解决资金问题，但真正解决资金难度的核心是产品的销售回款。其实企业的现金流收入包括营业收入、融资收入和投资收入。近期"摩拜"和"饿了么"的出售都在提醒市场，光靠融资收入则企业的长期发展难以为继，产城融合要成功必须保证资金血液健康充沛。对资本的合理规划是保证长线项目生命活力的根本所在。

2018年4月9日

观后感 美剧《美第奇家族》

观看美剧《美第奇家族》之后，我对剧中的人物、情节、历史及文化进行了思考。透过剧中美第奇家族的兴衰，我们可以看到人性的情爱纠缠、社会的家族传承、名利场的残酷争斗及发展趋势。

好久没看美剧了，看到了头条上对《美第奇家族》的推荐，我燃起了对美剧的热情。欧洲文艺复兴背后最大的财主就是美第奇，他们实际是个金融家族。在那个以贵族血脉为主的时代，金融巨头通过艺术品的投资创造了一段新的历史。好的艺术作品向你表达当时的情境，带你思考历史、文化和你自己。在与剧中的角色对话时，你就是在和自己对话。透过美第奇家族的兴衰可以看到人性的情爱纠缠、社会的家族传承、名利场的残酷争斗及发展趋势。

人性的情爱纠缠

年轻的柯西莫最爱的是艺术，在画画时认识的人体模特是他心底的爱。可惜该模特只是个底层的洗衣妇，老美第奇不可能让继承人接受无权无势的底层人士。老美第奇给男主角安排的妻子是一位没落的贵族，主人公从没有爱过这位聪慧的美女。故事到第六集时发生了反转，20年后男主角与当年的爱人再续前缘，曾经的爱人变成了可售的女奴，可男主人却发现他的事业和生活离不开现在的妻子，从心底开始转变：爱不是真空中的产物，与自己事业相关的伴侣才可能是内心的真爱。这很像《纸牌屋》中一心为了权力的政治夫妇，也许权力和财富才是最好的催情药，年轻时的情爱终究敌不过世俗的权与利，但人性中爱的纠缠又不断地点亮着暗淡的生活。

社会的家族传承

欧洲社会十分重视家族的传承，个体可以消亡，但家族必须繁衍强大，这与我们"家、国、天下"的传统很一致。家庭是同一时空下的最小社会单元，但站在历史的长河中，最小的社会单元是家族。中国有句古语"穷不过三代，富不过三代"，可见家族传承的难度。欧洲社会的家族传承经验很值得我们学习。从乔凡尼·美第奇开始，带着下一代参与家族事务以培养继承人成为非常重要的工作。在第一季里，可以看到美第奇家族三代人的画面，其中皮耶罗·美第奇在父亲的羽翼下开始学习，并逐渐成长。另外一个细节是家族女性的传承，优秀的女性占据了家族传承的半边天，这可能是美第奇家族传承中很值得我们学习的地方。

名利场的残酷争斗

站在舞台的中央，享受鲜花、掌声和喜悦时，一定不能忘记舞台背后的血雨腥风，炫丽的荣光都离不开权力与财富的支撑。《美第奇家族》向我们展示了佛罗伦萨的"权力游戏"：老贵族与财富新贵之间的生死之搏，最终柯西莫买通雇佣兵杀死了对手；豪门之间的争斗不是名利场的全部，美第奇追逐最大客户时的手段非同寻常。客户就是企业的生命线，搞定客户才能稳固后方，才能实力雄厚。外部的竞争与内部的隐患交织，家族内的争斗也从未停息。名利场就是角斗场，争斗是他们生活的全部，生命不息，争斗不止。

发展的大势所趋

美第奇之所以三百年兴盛不衰，是因为美第奇与社会大的发展趋势紧紧相连，美第奇在大部分时间里是站在人民一边的。在历史的长河中，三百年只是沧海一粟，个人和家族都是渺小的一粒。要想长久地辉煌，必须紧跟时代脉搏，与时代的发展趋势保持一致，通过为社会做出贡献实现家族的价值。历史的每个阶段和每个节点都有相应的成长机遇，把握住这样的机遇，就可以获得非凡的成就。

2018年4月25日